D1666605

Wolfgang Glaab

Tschaikowsky:
„... sechs Wochen in Aachen.
Das war eine der schwersten
Zeiten meines Lebens."

Helios

Abbildung Deckblatt: Peter Tschaikowsky im Alter von 46 Jahren;

Impressum
© Copyright 2009 by
Helios Verlags- und Buchvertriebsgesellschaft
Postfach 39 01 12, 52039 Aachen
Tel.: (02 41) 55 54 26; Fax: (02 41) 55 84 93
eMail: Helios-Verlag@t-online.de
www.helios-verlag.de
Bitte fordern Sie beim Verlag aktuelle Informationen zu lieferbaren Titeln an.

ISBN 978-3-86933-010-5

Vorwort

Der zunehmend an Bekanntheit gewinnende russische Komponist Peter Tschaikowsky, betreut im Sommer 1887 mehrere Wochen seinen todkranken Freund Nikolai Kondratjew in Aachen im Hotel Neubad. In vielen Briefen und ausführlichen Tagebuchaufzeichnungen berichtet Tschaikowsky über seine nervenaufreibenden Erlebnisse. Seine Ohnmacht dem Freund dauerhaft zu helfen, bereitet ihm seelische und körperliche Schmerzen. Ein kurzer Zwischenaufenthalt in Paris gewährt eine kurze Phase der Entspannung. Es bleibt ihm kaum Zeit für schöpferische Arbeit.

Entspannung findet er bei Spaziergängen in der Stadt und bei Ausflügen. Zwar beurteilt er Aachen als wenig interessant, genießt aber die Natur und die Landschaft der Umgebung. Notwendige Besorgungen und Einkäufe in der Innenstadt sowie nahezu regelmäßige Besuche der verschiedenen Cafés, unterbrechen für wenige Stunden des festgelegten Tagesablauf.

Wenngleich die Abhandlung durchaus biographische Züge aufweist, umreißt sie nicht nur die Persönlichkeit des Komponisten, sondern zeichnet Bilder der Stadt Aachen und ihrer Umgebung. In zahlreichen Ansichtskarten aus der Jahrhundertwende wird versucht, eine Atmosphäre, die dem Sommer 1887 nicht weit entfernt ist, anklingen zu lassen.

Offenbach am Main, im November 2008
Wolfgang Glaab

Bemerkungen
Bei der Sichtung und den Recherchen von Briefen und Dokumenten, haben mich Personen unterstützt denen ich dafür sehr dankbar bin.

Die umfangreichen Übersetzungen von Tschaikowskys Briefen erfolgten durch Frau Nina Galushko und Frau Dr. Irmgard Wille. Das Tschaikowskymuseum in Klin gestattete mir Einblick in die originalen Tagebuchaufzeichnungen sowie Briefe und stellte mir Fotokopien zur Verfügung. Ich bedanke mich bei Frau Olga Belonovic, Frau Dr. Polina Vajdman und Frau Tatjana Pawlowa. Die Öffentliche Bibliothek in Aachen half mir mit wertvollen Hinweisen und Kopien wichtiger Dokumente.

Inhalt

Wolfgang Glaab

....

Glaube an Gott

Im Himmel gibt es vielleicht keine Musik.
So wollen wir auf Erden leben, solange es uns vergönnt ist.

„Wie kurz das Leben doch ist! Wieviel möchte man tun, durchdenken und sagen! Man verschiebt es, weil man sich einbildet, man habe noch so viel vor sich, jedoch der Tod beginnt schon hinter der Ecke zu lauern. Ein ganzes Jahr lang habe ich dieses Heft nicht angefaßt und wieviel hat sich verändert! Wie seltsam kam es mir vor, lesen zu müssen, daß ich vor 365 Tagen noch fürchtete einzugestehen, daß ich ungeachtet all der heißen Sympathiegefühle, die Christus in mir ausgelöst hat, es gewagt habe, an seiner Göttlichkeit zu zweifeln. Seit dieser Zeit hat sich meine Religion viel klarer herauskristallisiert. In dieser Zeit habe ich viel nachgedacht über Gott, das Leben und den Tod, und besonders in Aachen haben mich die schicksalsschweren Fragen – wozu, wie, woher? – häufig beschäftigt und mich ständig beunruhigt. Meine Religion möchte ich irgendwann einmal ausführlich darlegen, und sei es auch nur, um mir selbst ein für allemal meine Glaubensinhalte sowie auch die Grenze klarzumachen, von wo ab sie nach allem Spekulativen beginnen. Aber das Leben mit seiner Hektik zieht vorüber, und ich weiß nicht, ob ich es noch schaffen werde, das Glaubenssymbol, das sich in letzter Zeit bei mir herausgebildet hat, darzulegen. Herauskristallisiert hat es sich sehr deutlich, aber ich wende es trotzdem nicht auf meine Gebetspraxis an. Ich bete immer auf alte Weise, wie man es mich gelehrt hat. Aber Gott braucht wohl kaum zu wissen, wie und warum man betet. Gott braucht das Gebet nicht. Aber wir brauchen es."[1]

Diese grundsätzlichen Bemerkungen schrieb Peter Tschaikowsky am 21. September 1887 (3.10.1887)*. Die kräftezehrende und nervenaufreibende Pflege seines todkranken Freundes Nikolai Dmitrijewitsch Kondratjew Mitte des Jahres in Aachen belastete den Komponisten, beeinflußten diese Zeilen. Das nur noch vordergründige Ringen zwischen Leben und Tod – denn der Ausgang des Kampfes zeichnete sich schon seit längerem ab – und das elende Leiden des vergeblich immer wieder Hoffnung schöpfenden Freundes, drängten den Komponisten sich elementare Fragen des Seins zu stellen.

Etwa zehn Jahre zuvor, am 23. November 1877 äußerte sich Tschaikowsky in einem Brief an seine Gönnerin Nadeshda Filaretowna von Meck über sein Verhältnis zum christlichen Glauben. Auslöser hierfür war das Bekenntnis von Frau von Meck, zu einer dem Pantheismus ähnlichen Weltanschauung. „... ich erkenne in der Natur eine Kraft an, die der Mensch nicht zu besiegen vermag, doch bezeichne ich sie nicht als Gott wie die Pantheisten, sondern als Schicksal, weil diese Macht ihre Kraft aus unerforschlichen Quellen schöpft, doch bin ich keine ausgesprochene Fatalistin und glaube im Gegenteil an die Macht des menschlichen Willens. Ein ewiges Leben gibt es, meiner Ansicht nach, nur in Form einer Metamorphose, denn in der Natur geht nichts verloren."[2] Aus Wien schrieb der Komponist hierauf: „Zur Kirche verhalte ich mich anders als Sie. Für mich hat sie viel von ihrem poetischen Reiz bewahrt. Ich besuche oft den Gottesdienst. ... Ich liebe auch sehr die Abendandachten. Sonnabends in eine alte kleine Kirche zu gehen, im halbdunklen Raum von Weihrauchwolken umfangen zu stehen,

---

1   Kuhn, Tagebücher, S. 273
    * Bis 1923 galt in Rußland der Julianische Kalender. Die Datumangabe in Klammer: Gregorianischer Kalender
2   Baer/Pezold, S. 94f.

6

Brief von Tschaikowsky vom 16. Juli 1887 an seinen Bruder Modest
(Tschaikowskymuseum, Klin)

tief in sich selbst zu versinken und Anworten auf die ewigen Fragen: Warum? Wann? Wohin? Weshalb? zu suchen, aus besinnlichen Betrachtungen aufzuwachen ... So bin ich einerseits noch durch starke Bande an die Kirche gefesselt, habe aber andererseits ebenso wie Sie den Glauben an das Dogma verloren. ... Wenn ich auch nicht an die Unsterblichkeit glaube, so lehne ich doch gleichzeitig voller Abscheu den ungeheuren

Nikolai Dmitrijewitsch Kondratjew (Tschaikowskymuseum, Klin)

Gedanken ab, daß ich meine lieben Toten nie wiedersehen werde. Nie werde ich mich mit dem Gedanken abfinden, daß meine Mutter, die ich so geliebt habe und die ein so hervorragender Mensch gewesen ist, nicht mehr existiert und daß ich ihr nie mehr werde sagen können, daß ich sie nach einer Trennung von dreiundzwanzig Jahren ebenso liebe wie einst. ... Den Verstand könnte man verlieren, wenn die Musik nicht wäre. Sie ist die schönste Gabe des Himmels für einen Menschen, der im Dunkeln irrt. ... Im Himmel gibt es vielleicht keine Musik. So wollen wir also auf Erden leben, solange es uns vergönnt ist. ..."[3]

Im März 1884 bekannte Tschaikowsky: „Täglich und stündlich danke ich Gott, daß er mir den Glauben an ihn geschenkt hat. Was wäre ich, wenn ich nicht an ihn glaubte und mich seinem Willen nicht unterordnete, angesichts meines Kleinmutes und der Eigenschaft, beim kleinsten Stoß, bis in die Tiefe der Seele erschüttert, auf das Leben verzichten zu wollen?"[4]

Am 21. September 1887, als Tschaikowsky noch unter dem Eindruck seiner Erlebnisse in Aachen seine Gedanken zu Papier brachte, starb der geliebte Freund. Zu diesem Zeitpunkt war Tschaikowsky das Ableben des dahin siechenden noch nicht bekannt. Am 22. September 1887 (4.10.1887) hielt er im Tagebuch fest: „Nachricht, daß N. D. [Kondratjew, Anm. d. V.] am Tage zuvor gestorben sei."[5] An Frau von Meck schrieb Tschaikowsky: „Am 21. September ist mein armer Freund N. D. Kondratjew gestorben."[6]

Die letzte Eintragung von „Kandratiew, Kammerherr, Petersburg, Neubad", im Aachener Kur- und Fremdenblatt datiert vom Sonntag, den 2. Oktober 1887.[7]

Familientragödie
Tanjas Tod ist tragisch in mein Leben eingebrochen und verfolgt mich.

Tschaikowskys angegriffene psychische Verfassung im Herbst 1886, die sicherlich auch auf Überarbeitung zurück zu führen war und nach einer Ruhephase verlangte, beschrieb der Komponist wiederholt bildhaft mit ‚Nagel im Kopf'. „Bei der geringsten Anstrengung spüre ich einen Nagel im Kopf. Der Magen macht nicht mehr mit. Aber sterben, ach wie wenig möchte ich das."[8] Ein paar Tage später heißt es im Tagebuch erneut: „Nach wunderbarem Schlaf mit Resten eines Nagels im Kopf aufgestanden."[9] Fast einen Monat danach: „Wiederum Kopfschmerzen, als hätte ich einen Nagel darin."[10] Auch gegenüber Frau von Meck schilderte er in der gleichen Weise seinen Erschöpfungszustand:

3   Baer/Pezold, S. 100ff.
4   Baer/Pezold, S. 442
5   Kuhn, Tagebücher, S. 230
6   Brief Nr. 3360
7   Aachener Kur- und Fremdenblatt, Nr. 132, S. 3
8   Kuhn, Tagebücher, S. 114
9   Kuhn, Tagebücher, S. 131
10   Kuhn, Tagebücher, S. 137

„... wenn ich eine halbe Stunde gearbeitet und mich stark konzentriert habe, plötzlich einen unerträglichen Schmerz empfinde, als habe man mir einen Nagel in den Kopf geschlagen. An Arbeit ist dann gar nicht zu denken."[11]

Eine andere Bemerkung in Tschaikowskys Tagebuch weißt auf, wenige Monate vor seiner Abreise nach Aachen erlittene, seelische Qualen hin. „Tanja wäre heute 26 Jahre alt geworden,"[12] erinnerte sich Tschaikowsky am 6. September 1887 an seine Nichte.

Tatjana Lwowna Dawydowa, Rufname Tanja, war das erste Kind von Tschaikowskys Schwester Alexandra Iljinitschna („Sascha") mit ihrem Ehemann Lew Wassiljewitsch Dawydow, Sohn eines bekannten Dekabristen. Die Familie wohnte auf Besitzungen der Dawydows in Kamenka im Gouvernement Kiew. Tschaikowsky hatte zu seiner Schwester ein vertrauensvolles Verhältnis. Er mochte ihr Familienleben und sehnte die Zeit herbei, wenn er im Kreise ihrer Familie wieder Kraft und Schaffensfreude tanken konnte. „Ständig

Alexandra Iljinitschna Dawydowa, Schwester von Tschaikowsky (Tschaikowskymuseum, Klin)

und heftig denke ich an den bei Dir verbrachten Sommer ..."[13], schrieb Tschaikowsky am 6. Juli 1870 an seine Schwester. Oder: „Schreibe mir ausführlich über das Leben in Kamenka mein Lieber [Modest, Bruder von Tschaikowsky, Anm. d. V.]. Wie ist die Gesundheit von Sascha u.s.w. u.s.w. ..."[14], mahnte er den Bruder während seines Aufenthaltes im Sommer 1870 aus Soden am Taunus.

Tatjana entwickelte sich zum Sorgenkind ihres Onkels. Zunächst war der Onkel voller Zuversicht über das Talent seiner Nichte und schrieb im Juli 1878 aus Werbowka, ein von Kamenka mehrere Werst entferntes Gut seines Schwagers, über eine von der Familie eingeübte Theateraufführung, an Frau von Meck: „... Wir probieren hier für eine Aufführung ... Meine einzigen Rollen sind die des Souffleurs und Regisseurs. ... ,Die Heirat' von Gogol und ein Bild aus dem ,Misanthrope' von Molière werden von der Jugend – meinen Nichten und den Neffen und Nichten meines Schwagers, die ihre Großmutter in Kamenka besuchen – aufgeführt. Meine Nichte Tanja, deren Bild ich Ihnen übersandte, hat während der Proben ein wirkliches schauspielerisches Talent offenbart."[15]

---

11   Baer/Pezold, S. 490
12   Kuhn, Tagebücher, S. 226
13   Brief Nr. 199
14   Brief Nr. 198
15   Baer/Pezold, S. 198

Im Herbst 1880 ist die beglückende Atmosphäre in Kamenka getrübt. Schwester Sascha ist gesundheitlich angeschlagen: „... aber ein böser Dämon scheint sie [die Familie, Anm. d. V.] zu verfolgen ... Im Augenblick droht der Familie keine Gefahr ... Nichtsdestoweniger kränkelt meine Schwester dauernd ... Meine älteste Nichte Tanja, ein reizendes, kluges und gütiges junges Mädchen, das die Eltern leidenschaftlich liebt und ebenso von ihnen geliebt wird, müßte doch glücklich sein. Aber sie ist immer traurig, erwartet stets irgendein Unglück und ist unbefriedigt. Und die Leiden dieser beiden moralisch gebrochenen Wesen wirken sich auf die ganze Familie aus. Wie kommt das? Ich habe schon oft darüber nachgedacht; und die Erkenntnis meiner Unfähigkeit, ihnen zu helfen quält mich."[16]

Der besorgte Onkel mußte weitere schlechte Nachrichten über seine Nichte zur Kenntnis nehmen. Im Mai 1881 berichtete er Nadeshda von Meck: „Ich hatte ... geschrieben ..., daß der Fürst Trubezkoi kurz vor meiner Abreise aus Petersburg wieder um Tanjas Hand angehalten hat. Es endete mit einer Verlobung, die auf Tanja einen sehr wohltuendem Einfluß ausübt. Sie ist glücklich, gesund und munter."[17] Aber, wenige Tage später: „Ein neues Unglück ist geschehen. Trubezkoi hat sich als ein ganz gemeiner Kerl entpuppt, und Tanja hat ihm den Laufpaß gegeben. Es wäre mir zu schwer, Ihnen ausführlicher darüber zu berichten. Er hat sie jedenfalls betrunken in Moskau aufgesucht und ihr viel Kränkendes gesagt. Die Wirkung auf meine Schwester war furchtbar; ihre Genesung wird jetzt wohl lange auf sich warten lassen."[18]

Das Wohl von Familie und Geschwister war für Tschaikowskys Seelenleben und Schaffenskraft von grundlegender Bedeutung. Er bemühte sich nach Kräften seiner Schwester behilflich zu sein, denn auch er litt unter diesen unerfreulichen Verhältnissen. Bei allem Verständnis des Onkels für Tanjas Krankheit, zeigte sich bei ihm auch Verärgerung über vermeintliche Uneinsichtigkeit seiner Nichte. „Ein merkwürdiges Mädchen! Sie ist immer leidend, und ihr Zustand ruft eine Atmosphäre der Trauer und Verzweiflung im ganzen Hause hervor. Und dabei ist sie eigentlich gar nicht krank. ... Alle Ärzte die sie behandelt haben, lächeln ungläubig über dieses Leiden ... Um gesund zu werden, müßte sie endlich einmal ein regelmäßiges Leben führen ... Sie aber erhebt sich erst, wenn wir zu Mittag gegessen haben ... dann mit Morphiumspritzen behandelt ... Mein Zorn überwiegt jetzt das Mitleid mit ihr. Sie will einfach krank sein."[19]

Der Komponist ist verzweifelt, läuft doch sein Bemühen ins Leere und seine Nervenkraft ist aufgebraucht. „Offen gestanden wäre ich schon längst dieser Trübsaal entflohen, wenn mich nicht das Mitleid daran hinderte, diese unglückselige Familie zu verlassen ... Ich kann nicht einfach davonlaufen, denn ich weiß, daß sie mich brauchen; aber ich beginne die Geduld zu verlieren. Meine Nerven sind in einem furchtbaren Zustand."[20]

Im Januar 1883 hielt sich Tschaikowsky ein paar Tage in Paris auf und wartete auf seinen Bruder Modest. Später als ursprünglich geplant, trifft der Bruder in Begleitung seiner Nichte Tanja ein, die sich durch ihre Morphiumsucht in einem erbärmlichen Zustand befindet und vom berühmten Psychiater Charcot Heilung erlangen soll. Der Onkel streicht seine erhoffte Italienreise und kümmert sich um seine Nichte. Tatsächlich bessert sich ihr Zustand.

---

16   Baer/Pezold, S. 344
17   Baer/Pezold, S. 365
18   Baer/Pezold, S. 366
19   Baer/Pezold, S. 367f.
20   Baer/Pezold, S. 368

Im Februar 1884 ist der Krankheitszustand Tanjas erneut besorgniserregend. Onkel Tschaikowsky kümmert sich wiederum in Paris um seine Nichte. „Sie ist schwer krank, steht seit einigen Tagen nicht mehr auf ... Das Traurige ist die völlige Schwächung und Vergiftung ihres Organismus, so daß sie wohl nicht genesen kann."[21] Wiederum gibt Tschaikowsky seinen Wunsch, nach Italien zu reisen, wegen Tanjas Zustand auf.

Voller Skepsis erlebte der Onkel im November 1885 in Kamenka wie seine Nichte sich im Haushalt der Familie nützlich macht und Aktivität ausstrahlt. „Offen gestanden", schrieb er an Frau von Meck, „habe ich das Empfinden, diese Änderung wird nicht von Dauer sein und ist irgendwie krankhaft, fieberhaft, doch muß man ihre gute Absicht, den früheren Zustand der Trägheit und der Schwermut zu überwinden, unbedingt loben."[22]

Sein jahrelanges Bemühen um seine Nichte Tanja war letztlich vergeblich. Am 22. Januar 1887 – in dem Jahr, in dem er wiederum einen liebgewonnenen Menschen aufopfernd pflegen wird – heißt es im Brief an seine Vertraute Frau von Meck: „Am Tage nach der Aufführung der ‚Tscherewitschki' [Oper von Tschaikowsky, Anm. d. V.] erhielten wir die Nachricht vom plötzlichen Tode meiner armen Nichte Tanja. Obwohl ich oft gedacht hatte, der Tod sei der beste und wünschenswerteste Ausweg für dieses unglückselige Geschöpf, war ich doch tief erschüttert. Sie starb in Petersburg während eines Maskenballs im Saal der Adelsgesellschaften, an dem sie teilgenommen hat, da sie nicht mehr bettlägerig und sogar bestrebt war, gesellschaftlichen Vergnügen beizuwohnen. Doch ihr Organismus war bereits allzusehr geschwächt. Das war ja nur ein Schatten der früheren Tanja. Das Morphium hatte sie zugrunde gerichtet, und so konnte man dieses tragische Ende voraussehen. Der Gedanke, wie schwer dieser Schlag meine arme Schwester und meinen Schwager trifft, treibt mich zum Wahnsinn ..."[23]

Die Tagebucheintragung unter dem 20. Januar 1887 offenbart die Trauer des Onkels: „Tanjas Tod ist tragisch in mein Leben eingebrochen und verfolgt mich."[24]

Anderen helfen – für andere sorgen, sind deutliche Charakterzüge Tschaikowskys. Sich bis hin zur eigenen Erschöpfung um liebgewonnene Menschen zu kümmern, kennzeichnen seine ausgeprägte Nächstenliebe.

Nikolai Dmitrijewitsch Kondratjew
Fühle Leere und bin traurig, weil Kondratjew abwesend ist.

Bis zum Erhalt eines Telegramms von Kondratjew, abends am 30. Juni 1887 (12.7.1887): „Supplie venir, ton arrivée peut me ressusciter"[25] [Ich flehe dich an zu kommen, Deine Ankunft kann mich wieder lebendig werden lassen, Anm. d. V.], gab es weder Pläne noch wage Absichten für Tschaikowsky nach Aachen zu reisen. Tschaikowskys todkranker Freund lag in Aachen und erhoffte sich Linderung durch eine Kur. Sein Hilferuf fand – typisch für Tschaikowskys Charakter – offene Ohren. Im Brief vom 1. Juli 1887 an Tschaikowskys Verleger und Freund Jürgenson äußert der Komponist seine Befürchtungen: „.... Gott weiß wie lange ich in Aachen leben muß. Bei günstigen Umständen (d.h. wenn jemand mich beim Erkrankten ablöst) oder im Falle des Todes des Kranken,

---

21 Baer/Pezold, S. 438f.
22 Baer/Pezold, S. 471
23 Baer/Pezold, S. 494
24 Kuhn, Tagebücher, S. 151
25 Tschaikowksky, Bd. 2, S. 414 und Brief Nr. 3281

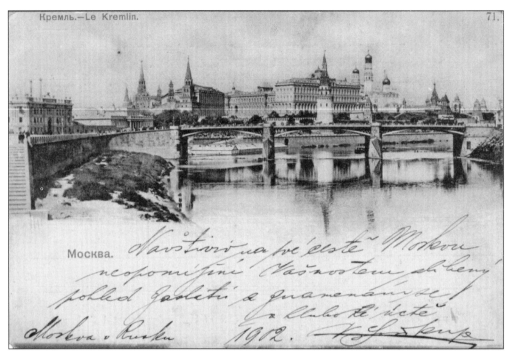

Ansichtskarte von Moskau, Kreml; ca. 1902

kann ich schon im August in Russland sein. Wenn nicht, dann nicht früher als im September ... ."[26] Vermutlich reiste Kondratjew zwischen dem 20. Juni 1887 (2.7.1887) und dem 27. Juni 1887 (9.7.1887) nach Aachen. Tschaikowskys Briefe vom 20. Juni 1887 an Frau von Meck: „... er [Kondratjew, Anm. d.V.] fühlt sich so gut, daß er ins Ausland fährt ..." und 27. Juni 1887 an Frau Spashinskaja: „... Er wurde ins Ausland gefahren, nach Aachen; ...", lassen darauf schließen.[27] Die erste Eintragung im Aachener Kur- und Fremdenblatt ist in der Ausgabe vom Donnerstag, den 21. Juli 1887 festzustellen.[28]

Der 1837 geborene Kondratjew absolvierte, ebenso wie Tschaikowsky, die Rechtsschule. Erstmals trafen sich die beiden 1864 auf dem Gut von Fürst Golizyn in Trostinets, als Tschaikowsky dort den Sommer verbrachte. Eine enge Freundschaft entwickelte sich vermutlich gegen Ende 1870, zur Zeit als Kondratjew sich mit Frau und Tochter für die Wintermonate in Moskau niederliessen. Kondratjew ein reicher, weltgewandter Lebemann, verfügte über die Gabe auch in schlimmen Lebenslagen positiv zu denken und besaß einen unfehlbaren Optimismus. Diese Eigenschaft, wirkte sich stimulierend auf den zu Selbstzweifeln neigenden Tschaikowsky aus. Die Kondratjews besaßen in Nizy, in der Nähe von Sumy bei Charkov ein luxuriöses Gut, in dem Tschaikowsky oft zu Gast war, sich erholte und arbeitete.[29]

Die beiden Freunde waren wiederholt gemeinsam im Ausland unterwegs. Beispielsweise im Herbst 1879 genoß Tschaikowsky das Leben auf den Boulevards in Paris,

---

26 Brief Nr. 3281
27 Brief Nr. 3268 und Brief Nr. 3279
28 Aachener Kur- und Fremdenblatt Nr. 69, S. 2
29 Brown, David, The Early Years, S. 222f.

während Kondratjew Heilung von Syphilis suchte. Im Dezember reiste er nach Rom. Auch hier leistete ihm der Freund für einen Monat Gesellschaft bzw. suchte – zum Verdruß von Tschaikowsky – Abwechslung in ausschweifendem Leben.[30]

Nahezu familiär gestaltete sich die Verbindung zwischen den Freunden im Sommer 1886. Kondratjew nahm sich ein Haus in der Nähe von Tschaikowskys Anwesen im Dorf Maidanowo. Das Dorf liegt in der Nähe der Schnellstrasse Moskau/ Petersburg, ca. eine Autostunde von Moskau und wenige Kilometer von Klin, entfernt. Die Tagebucheintragungen des Komponisten erzählen von zahlreichen gemeinsamen Spaziergängen in den Wiesen und Wäldern der Umgebung. „Zusammen mit allen Kondratjews im Park spazierengegangen"[31] und vielen Besuchen des Komponisten im Hause seines Freundes: „Bei den Kondratjews. Tee auf der Terrasse."[32] Ganz besonders hingezogen fühlte sich Tschaikowsky während dieser Zeit zum Diener seines Freundes, Sascha Legoschin.[33] „Legoschin. Welches Vergnügen die häufige Anwesenheit von Legoschin bereitet! Das ist ja so eine wunderbare Persönlichkeit. ..."[34] „Zu Hause habe ich mir die Leute beim Abendessen mit dem überaus lieben Legoschin angehört und betrachtet."[35] „Unterhaltung mit dem überaus lieben Legoschin."[36] „Unterhaltung mit Sascha Legoschin ..."[37]

Wie auch im Sommer 1886, war die Beziehung zwischen den beiden Freunden nicht immer konfliktfrei. „Eigenheiten bei N. D. [Kondratjew, Anm. d.V.]. Ertrage sie geduldiger als früher."[38] „Whist [Kartenspiel, Anm. d.V.] mit ... Obwohl ich Glück hatte, war ich schrecklich wütend auf N. D. – Was ist das für ein rätselhafter Mensch? Er ist gütig, andererseits genießt er es aber, andere zu ärgern. Fühle mich unwohl."[39] Schon unmittelbar nach der Abreise der Familie Kondratjew von Maidanowo am 23. Juli 1886 vermißt er die Familie und seinen Freund: „Fühle Leere und bin etwas traurig, weil N. D. abwesend ist."[40] Am 26. Juli 1886 klagte der Komponist: „Zwar sehne ich mich nicht nach den Kondratjews, spüre jedoch sehr stark, daß sie mir fehlen."[41]

Neben glücklichen und entspannenden Stunden zogen im Sommer 1886 erste Schatten auf. Es verstärkten sich die Anzeichen für die tödliche Erkrankung Kondratjews. Am 4. Juli 1886 schrieb der Komponist in sein Tagebuch: „Beim Spaziergang N. D. getroffen und erfahren, daß er in der Nacht einen Anfall mit starker Atemnot hatte. Er war sehr blaß. ... Bei den Kondratjews. Der Doktor telegrafierte, daß er nicht komme. Übrigens ist N. D. gesund."[42]

Nach einigen Wochen Unterbrechung, gab es am 27. September 1886 zwischen den Freunden ein Wiedersehen. In den darauf folgenden Wochen wiederholten sich die zahlreichen Begegnungen von Tschaikowsky mit Kondratjew und dessen Familie.

---

30   vgl. Holden, S. 195f.
31   Kuhn, Tagebücher, S. 79
32   Kuhn, Tagebücher, S. 81
33   Holden, Anthony, S. 259
34   Kuhn, Tagebücher, S. 79
35   Kuhn, Tagebücher, S. 85
36   Kuhn, Tagebücher, S. 85
37   Kuhn, Tagebücher, S. 86
38   Kuhn, Tagebücher, S. 79
39   Kuhn, Tagebücher, S. 85
40   Kuhn, Tagebücher, S. 89
41   Kuhn, Tagebücher S. 90
42   Kuhn, Tagebücher, S. 83

Ansichtskarte von St. Petersburg, Newskij Prospekt; ca. 1901

Der Tod von N. D. Kondratjewa [Mutter von N. D. Kondratjew, Anm. d.V.] im Oktober, bedrückte den Komponisten. Fast täglich treffen sich die Freunde.

Am 23. Februar 1887 hält Tschaikowsky im Tagebuch den bedeutungsschweren Satz: „N. D. Kondratjew. Er hat sich schrecklich verändert,"[43] fest. In den darauf folgenden Tagebuchaufzeichnungen stand die Besorgnis um die Gesundheit des Freundes zunehmend im Mittelpunkt.

16. März 1887: „Mich beunruhigt der Gedanke an N. D. Kondratjew."[44]

22. April 1887: „Botkin [Arzt, Anm. d.V.] bezeichnet den Zustand von Nikolai Dmitrijewitsch als sehr schlecht – seine Krankheit ist unheilbar. Ich bin darüber schrecklich betrübt."[45]

26. April 1887: „Brief von Emma [Emma Genton, Gouvernante in der Familie Kondratjews, Anm. d.V.] mit den traurigsten Nachrichten über N. D. Bin sehr betrübt."[46]

29. April 1887: „Zum Mittagessen unangenehme Briefe. N. D. Kondratjew geht es ganz schlecht. Bin sehr verstimmt. ... Ich bin sehr bekümmert und völlig niedergeschlagen durch die Nachrichten über N. D."[47]

30. April 1887: „N. D. geht es wieder besser."[48]

1. Mai 1887: „Ein Brief von Emma kam, bestätigte, daß es N. D. Kondratjew wieder besser geht."[49]

---

43   Kuhn, Tagebücher, S. 158
44   Kuhn, Tagebücher, S. 162
45   Kuhn, Tagebücher, S. 172
46   Kuhn, Tagebücher, S. 173
47   Kuhn, Tagebücher, S. 174
48   Kuhn, Tagebücher, S. 174
49   Kuhn, Tagebücher, S. 174

Ansichtskarte von St. Petersburg, Mariinski-Theater; ca. 1901

4. Mai 1887: „N. D. geht es wie Modest [Bruder von Tschaikowsky, Anm. d.V.] schreibt, im Grunde schlechter ... Ich werde wohl hinfahren müsssen."[50]

5. Mai 1887: „N. D. geht es immer schlechter."[51]

Der beängstigende Gesundheitszustand Kondratjews ist nunmehr wiederholt Thema in Tschaikowskys Briefen. Am 4. April 1887 an seinen Bruder Modest: „Das, was heute Emma über N. D. schreibt, hat mich sehr betrübt. ..."[52] Ein paar Tage später, am 10. April 1887, in einem weiteren Brief an seinen Bruder: „Mein Gott, meinem Herzen tut es so weh um Kondratjew. Aufgrund der Angst und des Schreckens, welche ich bei dem Gedanken daß er stirbt erfahre, sehe ich, daß das schlechte Ende seiner Krankheit auf mich eine entsetzliche Wirkung machen wird. Das Schicksal fügte sich so, daß N. D. für uns mehr ein Freund, wie ein nächster Verwandter ist. Außerdem ist er einer von diesen Menschen, welche besonders leidenschaftlich am Leben hängen, quand même. Bitte benachrichtige mich über ihn ..."[53] Im Brief an Frau von Meck am 24. April 1887 klagte Tschaikowsky: „Fast jeden Tag bekomme ich sehr traurige Nachrichten über meinen Freund Kondratjew ... Es ist bereits der dritte Monat, daß er sehr krank ist. Im März als ich in Peterburg war, besuchte ich ihn täglich und sah mit Kummer, wie die Krankheit seinen gesunden Körper nach und nach untergräbt. In der letzten Zeit hat seine Krankheit sich verkompliziert; man mußte eine Konsultation arrangieren ..."[54]

Tschaikowskys Sorge um den kranken Freund bewog ihn, während seines Aufenthaltes in Petersburg, Kondratjew vom 10. Mai 1887 bis 16. Mai 1887 täglich zu besuchen.

---

50 Kuhn, Tagebücher, S. 175
51 Kuhn, Tagebücher, S. 175
52 Brief Nr. 3218
53 Brief Nr. 3222
54 Brief Nr. 3239

Die Tagebucheintragungen spiegeln die Skepsis über die Genesungsaussichten wieder. 10. Mai 1887: „Nach dem Frühstück zu N. D. Schrecklicher Eindruck. Er hat sich bis zur Unkenntlichkeit verändert."[55] 16. Mai 1887: „... bei N. D. Er gibt sich schon heiterer, ich erfuhr aber ... es bestünde keine Hoffnung. Er wirkt schon fast wie aus Wachs."[56]

Mit schwerem Herzen reiste Tschaikowsky am 20. Mai 1887 (1.6.1887) von Moskau zu seinem Bruder Anatol nach Tiflis, um sich dort zu erholen. In einem Brief an Frau von Meck bekennt er: „Über mein Kommen hat er sich [Kondratjew, Anm. d.V.] furchtbar gefreut und weint beinah, wenn ich von meiner Abreise spreche. Da meine Anwesenheit ihm sehr angenehm (obwohl in keiner Beziehung nützlich) ist, zögere ich wegzufahren, doch hoffe ich, daß es in nächster Zeit sein wird; denn lange hier zu bleiben [in Petersburg, Anm. d.V.] wäre ein Opfer, das meine Kräfte übersteigt. Das alles wirkt so stark und so niederdrückend auf mich, daß ich völlig nervös bin und sehr schlecht schlafe."[57]

Ansichtskarte von Aachen, Hauptbahnhof; o.D.

---

55   Kuhn, Tagebücher, S. 176
56   Kuhn, Tagebücher, S. 177
57   Baer/Pezold, S. 498f.

Aachen

Auch der große Händel, vom Schlag getroffen, gewann hier bekanntlich den Gebrauch seines rechten gelähmten Armes wieder.

Vermutlich wird Kondratjew kein Interesse für die Besonderheiten der Stadt Aachen übrig gehabt haben, als er im Sommer 1887 hier eintraf. Einen ersten und gerafften Eindruck hat ein anderer Reisender, Hubert Oecher, – wenn auch zur Winterzeit – in der Zeitschrift „Vom Fels zum Meer, Jahrgang 1885" aufgeschrieben: „An einem kalten, nebligen Wintertag fuhr ich auf der Fahrt nach Paris das erste Mal der alten Kaiserstadt Aachen entgegen. Wie jeder gute Deutsche reckte ich, aus der Nacht des Stolberger Tunnels auftauchend, den Hals, um möglichst viel von Gegend und Stadt bei dem Durchfliegen des Eilzuges zu erhaschen. Wellige Landschaft, lange bewaldete Höhenzüge, Dörfer, Einzelhöfe, ein gewaltiges Hüttenwerk, Fabriken hier, Fabriken dort, ein langer Viadukt, eine Burg mit einem Weiher, eine Häusermasse aus dem Nebel links, eine Häusermasse aus dem Nebel rechts auftauchend, ein Blick in eine lange, breite stattliche Straße hinab, ein niederes Bahnhofsgebäude – ‚Aachen! Fünf Minuten Aufenthalt!' Lärmen, Gedränge: ‚Einsteigen!' Und dahin schnoben wir unter dem Duogepuff zweier Lokomotiven die einst sehr berühmte schiefe Ebene hinauf, dem Waldgebirge entgegen, in den Tunnel hinein und – von Aachen hatte ich so gut wie gar nichts gesehen. Es mag auch wenige so große Städte geben, von denen man von der Bahn aus so wenig sieht, wie von Aachen, trotzdem man zwischen ihm und dem mit ihm zusammengewachsenen Burtscheid hindurchfährt. Damals sann ich, was in aller Welt wohl den großen Karl bewogen haben könnte, gerade diesen Fleck Erde zum Mittelpunkt seines Reiches von den Pyrenäen bis zum Rhein zu machen."[58]

Ansichtskarte von Aachen, vom Lousberg; o.D.

Bei späterem, näherem Hinsehen erschloß sich diesem Reisenden schnell ein freundlicheres, ja beeindruckendes Bild von einem pulsierenden, weltoffenen und von der Natur bevorzugten Ort. „Als ich dann wieder nach Aachen kam, war es Sommer. Grün ringsum das Land, grün die herrlichen Wälder auf den Höhen. Ich ging auf den Lousberg, welcher die Stadt überhöht, und

---

58   Adreßbuch 1887, S. 1

Ansichtskarte von Aachen, Die Post; ca. 1899

schaute über diese und die weite, fruchtbare Thalmulde und die Hügel, weithin bis zu den blauen Höhen der Eifel ...

Aachen ist jetzt eine große Fabrik- und Badeortstadt. Mit der nahen Stadt Burtscheid ist es zusammengewachsen, so daß stellenweise die eine Straßenseite nach Aachen, die andere nach Burtscheid gehört ... Will man die Fabrikmacht der beiden Städte sehen, so schaue man Abends von den Höhen auf sie herab. Da glühen die Augen der Fabrikstadt – alle die Fenster der gewaltigen Fabriken sind erleuchtet; in der Stadt, um die Stadt liegen sie; lange Lichtreihen, dreivierfach übereinander; und wie Nordlicht fliegt wohl Feuerschein über den Himmel, so daß ich erst erstaunt war in den Straßen, als ich sah, daß Niemand sich darum kümmerte. Aber man ist das hier gewöhnt: die großen Eisenwerke gießen. ...

Es ist eine anmuthige Landschaft und mild das Klima, das mildeste in Deutschland. Strenge Winter kennt man kaum; die Seeluft wirkt noch ein hier am Rande des Hügelzuges, der von dem Höhenzug der Karlshöhe sich abzweigt, und auf dem Alt-Aachen erbaut ward, und in der Thalmulde darunter und dann wieder in der Burtscheider Senkung sprudeln die heißen Quellen hervor, welche Aachen den Namen gegeben (aquae) und es zu einem der berühmtesten Badeorte der Welt gemacht haben ...

Im 16. Jahrhundert ward übrigens Aachen als Badeort bekannter. Der Arzt Franz Fabricius schrieb, wie er sagt, als der erste über den Nutzen der heißen Wässer. Im 17. Jahrhundert stieg deren Ruhm; im 18. Jahrhundert stand er fest. Aachen wurde nun einer der berühmtesten Badeorte der Welt, damals hauptsächlich gegen Rheumatismus.

Ansichtskarte von Aachen, Am Theater; ca. 1917

Auch der große Händel, vom Schlag getroffen, gewann hier bekanntlich den Gebrauch seines rechten gelähmten Armes wieder."[59]

Für den die Stadt Aachen besuchenden Fremden gibt der „Kleiner Führer für Aachen und Burtscheid von Dr. B. M. Lersch" von 1885, unter „vielen nützlichen Informationen und Empfehlungen", auch Daten und Fakten über die wirtschaftliche Lage. „1877 waren 80 Firmen, 3577 Geschäfte, worunter 1730 Kleinhändler und ausserdem 652 gewerbsteuerpflichtige Handwerker verzeichnet. Die Herbeischaffung und Bereitung der Lebensmittel besorgen für Aachen und Burtscheid wohl 275 Bäcker und Conditoren, fast ebensoviel Metzger und Fischhändler, 47 Gasthöfe, über 200 Gast- und Speisewirthe, einige Delikatessen-Südfrüchtehandlungen, – viel Obst kommt vom Rhein, von Maastricht, ja von Italien, Nord- und Süd-Frankreich und Algier; Eier und Hühner aus Italien –. Ueber 500 Wirthe (darunter 15 Weinrestaurationen, 130 Schankwirthe), einige 50 Brauereien, viele Wein-, Flaschenbier-, Branntwein- und Liqueur-Handlungen sorgen vorzugsweise für Getränke.

Den Geldverkehr vermitteln einige 16 Wechselgeschäfte ... In den 294 Fabrikanlagen waren im Jahr 1879 14 592 Arbeiter ... beschäftigt ... Ein grosser Theil dieser Arbeiter wohnt in den umliegenden Ortschaften ... Unter den Aachener Fabrikaten nehmen unstreitig die Erzeugnisse der Tuch- und Buxkin-Fabrik den ersten Rang ein. Zahlreiche Wollhandlungen, Agenturen, Commissions-Geschäfte, Wollwaarenfabriken, Farbfabriken, Färbereien, Spinnereien, Webereien verdanken diesem hierorts wenigstens über 700 Jahre bestehenden Fabrikationszweige ihr Dasein. Der hiesige Platz arbeitet mehr

---

59   Adreßbuch 1887, S. 2ff.

oder weniger nach allen Theilen der Welt, wo überhaupt Tuch getragen wird und wo der Importation nicht unübersteigliche Zollschranken gestellt werden ...“[60]

Die Volkszählung vom 1. Dezember 1885 ergab für die Stadtgemeinde Aachen: „95 725 Ortsanwesende Personen, 5 460 bewohnte Wohnhäuser, 18 563 Gewöhnliche Haushaltungen von zwei oder mehr Personen.“[61]

Zu guter letzt weckt Hubert Oecher am Ende seines Berichts die Neugierde über Aachen mit dem Schlußsatz: „Kommt! Seht Aachen und Rheinland's frankes, freies Männergeschlecht und seine schönen Frauen!“[62]

Abreise
Schwermut bis zu Tränen. Abfahrt.

Tschaikowsky plante den Sommer in Borschom zu verbringen, um sich dort von den Strapazen der vergangenen Monate zu entspannen. Die Reise führte von Moskau, nach Nischni-Nowgorod. Mit dem Dampfschiff ging es auf der Wolga bis nach Astrachan, wo es auf einem kleinen Dampfer weiter ging zur Wolgamündung, dort auf einem Schoner eingeschifft, nach Baku. Die Fahrt auf dem Kaspischen Meer war ungemütlich; die Nacht war so stürmisch, daß Tschaikowsky glaubte das Schiff würde unter der Gewalt in Stücke gerissen.

Die Wolgafahrt zwischen Zaryzin und Astrachan bescherte Tschaikowsky ein drolliges Erlebnis. Tschaikowsky hatte dafür gesorgt, daß niemand an Bord seine Identität kannte. Eines Tages wurde eine kleine musikalische Unterhaltung improvisiert und Tschaikowsky erbot sich, die Klavierbegleitung zu übernehmen. Dabei legte eine Amateursängerin ihm eines seiner eigenen Lieder vor und belehrte ihn über die Art und Weise wie er seine eigenen Lieder zu begleiten habe. Auf die schüchternen Einwendungen des Komponisten erwiderte die Sängerin, sie müsse es besser wissen, denn ‚Tschaikowsky selbst habe das betreffende Lied mit ihrer Lehrerin durchgenommen'.[63]

Den Aufenthalt in Baku nutzte Tschaikowsky um die Stadt und die Umgebung zu erkunden. Von Baku fuhr er mit der Eisenbahn nach Tiflis, verbrachte hier zehn angenehme Tage, bis er schließlich am 11. Juni 1887 (23.6.1887) das Ziel seiner Reise, Borschom, wo er mit der Familie seines Bruders Anatol den Sommer verbringen wollte, erreichte. Zehn Tage später traf auch Tschaikowskys Bruder Modest in Borschom ein.

Tschaikowskys Bruder Anatol (Tschaikowsky-museum, Klin)

Tschaikowsky genoß das Angebot des örtlichen Kurbetriebs; er erfreute sich an einem „göttlichen Spaziergang", nahm ein „herrliches Wannenbad" und hörte der „Kur-

---

60 Lersch, 1885, S. 57f.
61 Adreßbuch 1887, S. 301
62 Adreßbuch 1887, S. 14
63 Vgl. Tschaikowsky, Bd. 2, S. 411f.

Ansichtskarte von Tiflis, Botanischer Garten; o.D.

kapelle" zu.[64] Die Tagebuchaufzeichnungen lassen allerdings darauf schließen, daß er sich in schlechter gesundheitlicher und seelischer Verfassung befand. Am 12. Juni und 13. Juni 1887 konsultierte Tschaikowsky einen Arzt, der ihn stellenweise schmerzhaft abklopfte und abtastete und ihm beschied, daß „die Leber jetzt dort ist, wo sie nicht hingehört."[65] Sofort begann der Komponist fleißig Mineralbrunnen zu trinken.

Zwei Briefe über den Gesundheitszustand von Kondratjew beunruhigten ihn. Er litt unter entsetzlichen Albträumen, fühlte teilweise „völlige Unlust und Unfähigkeit zur Arbeit."[66] Der sich wiederholende Tagesablauf begann ihn zu langweilen: „Immer dasselbe: Mineralbrunnen, Spaziergang, Tee, Lektüre, Briefe. (Ach diese Briefe!). Wannenbad. Spaziergang. Mittagessen ..."[67] Am 29. Juni 1887 (11.7.1887) vermerkte er: „... nicht besonders fröhlich."[68]

Am gleichen Tag trägt er in seinem Tagebuch den rätselhaften Satz ein: „Ich habe ein Telegramm an N. D. Kondratjew geschickt, das zwangsläufig zu meiner Abreise führen sollte, habe dies jedoch verheimlicht."[69] Ob durch dieses Telegramm Tschaikowsky den in Aachen liegenden Kondratjew animierte, ihm einen Hilferuf nach Borschom zu telegrafieren, um dadurch Verständnis bei seinen Verwandten für die Reise zu seinem Freund zu erreichen, ist nicht belegt – ist aber naheliegend. Am 30. Juni 1887 (12.7.1887) erhält Tschaikowsky von Kondratjew ein Telegramm und beschließt die Abreise zu dem Kranken in Aachen zu planen.

---

64   Kuhn, Tagebücher, S. 195
65   Kuhn, Tagebücher, S. 195
66   Kuhn, Tagebücher, S. 196
67   Kuhn, Tagebücher, S. 199
68   Kuhn, Tagebücher, S. 199
69   Kuhn, Tagebücher, S. 199

Aus seinem Urlaubsort schrieb er am 4. Juli 1887 an das Ehepaar Hubert: „Ich muß ohne Verzug ins Ausland fahren. Kondratjew, welcher halbtot nach Aachen gebracht wurde, wo sein Kammerdiener [Legoschin, Anm. d. V.], der keine fremde Sprachen kennt, für ihn sorgt, telegrafierte mir, daß er es für die größte Wohltat und Glück halten wird, wenn ich nach Aachen kommen würde. Seine Tage sind gezählt, Aachen kann nur auf kurze Zeit sein Leben verlängern und es gab keine Möglichkeit dem sterbenden Freund abzusagen. Infolge dessen setze ich mich am Montag, den 6. in den Dampfer ... Um Gottes Willen, schreiben Sie mir nach Aachen; ich werde dort wahrscheinlich sehr schwermütig sein ..."[70]

Die verbleibenden Tage bis zur Abreise am 6. Juli 1887 arbeitete Tschaikowsky zeitweise an verschiedenen Werken, nutzte die Möglichkeiten seine Gesundheit zu stabilisieren und die Natur zu geniessen. Verschiedentlich ärgerte er sich über aufdringliche bzw. ungebetene Menschen. „Plötzlich Besuch von drei unwahrscheinlich einfältigen Herren mit der Bitte um einen Chor. Was könnte man sich Dümmeres ausdenken!!! Da ist immer wieder dieser völlig unerträgliche Herr Wolschewski. Mit Mühe meinen Zorn unterdrückt."[71] „Das übliche Davonlaufen vor dem General Jankowski usw. ... Wie entflieht man solchen Leuten???"[72] „Hörte mir die Kurkapelle aus ‚Panjas Auge' an. Lief vor dem Publikum in den Park davon."[73]

Da die Reise nach Aachen nicht geplant war, verfügte Tschaikowsky nicht über die Mittel um sie zu finanzieren. Hilfe suchend wandt er sich im Brief vom 1. Juli 1887 (13.7.1887) an Frau von Meck: „...Diese unerwartete Reise zwingt mich, liebe Freundin, mich an Sie mit folgender Bitte zu wenden. Ich habe kein Geld für diese Reise und deshalb würde ich sehr gerne wollen die Budgetsumme zu bekommen ..."[74] Tschaikowskys Diener Alexej übernahm es persönlich das Geld von Frau von Meck abzuholen.[75]

In mehreren Briefen und umfangreichen Tagebuchnotizen berichtete Tschaikowsky ausführlich über die Erlebnisse während seiner zehntägigen Reise, die ihn von Borschom über Batum, Odessa, Wien, Köln nach Aachen führte.

„... Fuhr ich stell dir vor, in einem Extrawagen. Irgendeine wichtige Person der Eisenbahn fuhr mit seiner Familie bis zu einer Station nach Suram, wo der Wagen abgekoppelt werden mußte, aber als sie erfuhren, daß ich eine so wichtige Person bin, bat er mich in seinen wunderschönen Wagen-Salon zu setzen, und ich fuhr in ihm allein bis Batum. Ich stieg im ‚Hotel Impérial' ab. Wie lebendig erinnere ich mich an den vorjährigen Aufenthalt hier! ... Heute kaufte ich zu allererst die Fahrkarten für das Dampfschiff; dann spazierte ich bei der unglaublichen Hitze, jetzt gehe ich baden, werde frühstücken und um 3 1/2 auf das Dampfschiff gehen. ... Der Portier im Hotel versprach mir es so zu organisieren, daß ich in der Kajüte für drei Personen allein fahren werde ..."[76]

Im anschließenden Brief beschrieb Tschaikowsky seine Erlebnisse während der Fahrt auf dem Dampfer ‚Vladimir': „Den ganzen Morgen wanderte ich gestern durch Batum ... Badete mit Alexej im Meer. Nach dem Frühstück bin ich wieder umhergestreift, saß im türkischen Kaffeehaus, trank Kaffee und las die Zeitungen. Nach drei Uhr sind

---

70   Brief Nr. 3282
71   Kuhn, Tagebücher, S. 200
72   Kuhn, Tagebücher, S. 200
73   Kuhn, Tagebücher, S. 201
74   Brief Nr. 3280
75   Vgl. Kuhn, Tagebücher, S. 201 und S. 232
76   Brief Nr. 3284

wir auf das Schiff übergesiedelt. Es heißt „Vladimir", sehr geräumig, ziemlich luxuriös und symphatisch. Vorläufig habe ich für mich eine Kajüte für drei Personen und man verspricht sogar mich bis Odessa alleine zu lassen. Das Mittagessen gab es um 6 Uhr; ziemlich schmackhaft, doch sehr schwer. Am Table d'Hôte waren wir circa fünfzehn Personen. Von den Damen: armenische Matrone und drei Fräulein mit langen Nasen. Alle Herren ... essen nur mit dem Messer und sind allgemein eher unsymphatisch ...

Um 9 Uhr tranken wir Tee. Bis 10 ½ saß ich auf dem Deck und genoß die wunderbare sternenklare Nacht, und dann ging ich zu Bett und schlief bis um 7 Uhr morgens so tief, daß ich sogar nicht hörte wie wir in Suhum anlegten und wegfuhren. Das Wetter ist wundervoll. Der Sonnenuntergang, den ich lange nicht gesehen habe, genoß ich unbeschreiblich ...

9. Juli

Gestern abend kamen wir in Kerch an, blieben hier die ganze Nacht, und, da wir Kohle geladen haben, waren in den Kajüten alle Klappfensterchen geschlossen, damit man dem Schmutz und Staub entgeht. Infolge dessen war die Hitze qualvoll und ich litt die ganze Nacht an irgend einem Jucken, in der Art des Nesselfiebers. Aber wir werden Kerc nicht sehen. Jetzt legen wir ab ...

10. Juli

Jetzt ist Sevastopol. Ich versiegele [den Brief, Anm. d. V.] und trage ihn selbst zum Briefkasten. Das Wetter ist wundervoll."[77]

Die nächsten Briefe datieren vom 11. und 12. Juli 1887 aus Odessa: „In Sevastopol standen wir nur 1 ½ Stunden ... Übrigens ich habe noch nichts über das Südufer der Krym gesagt. Jalta erschien mir sehr bezaubernd; ich bin dort ordentlich spazieren gegangen. Die restlichen Schönheiten des Südufers bewunderte ich vom Dampfschiff. Nach Sevastopol sind wir nirgend stehengeblieben. Nachts schaukelte es ordentlich. Heute morgen kamen wir in Odessa an. Diese letzte Stadt gefällt mir sehr. Wir stiegen im ‚Hotel du Nord' ab, ein sehr prächtiges Hotel in der Nähe des neuen Theaters. Odessa ist zwar sehr schön, aber es ist mir dermaßen schwer ums Herz, dass ich entschieden unfähig bin meinen Kummer zu bekämpfen.

Gestern spazierte ich mit Alexej den Rest des Tages durch Odessa, welches mir immer mehr und mehr gefällt. Den Abend haben wir im Garten verbracht, wo ein sehr ordentliches Orchester ein Konzert spielte, und zwar ein erträgliches Programm. Wir gingen sehr früh schlafen. Heute war ich in den Kathedrale beim Mittagsgottesdienst. Von N. D. habe ich ein Telegramm bekommen, daß es ihm besser geht und daß er mit einer fieberhaften Ungeduld auf mich wartet. Ich habe bis in alle Einzelheiten alle Eisenbahnführer studiert und bequemer ist nach Wien zu fahren. Heute Abend um 7.45 fahre ich ab."[78]

Die Tagebucheintragungen von diesen Tagen vermittelten ein intimes Bild von der psychischen Lage des Reisenden. Am 11. Juli 1887 vermerkt er: „Quälende Schwermut, die mich sogar bittere Tränen vergießen ließ. Wie betrüblich, an Borshomi zu denken, und wie traurig, mich nun von Aljoscha [Diener von Tschaikowsky, Anm. d. V.] trennen zu müssen."[79] Am folgenden Tag heißt es: „Schwermut bis zu Tränen. Abfahrt. Schrecklich, sich nun von Aljoscha zu trennen."[80]

---

77 Brief Nr. 3285
78 Brief Nr. 3286
79 Kuhn, Tagebücher, S. 204
80 Kuhn, Tagebücher, S. 204

Aufenthalt in Wien und Köln

Ich war zwei mal sehr lange im Kölner Dom,
spazierte am Ufer des Rheins entlang.

Am 15. Juli 1887 (27.7.1887) erreichte Tschaikowsky die Stadt Aachen und berichtete bereits am Folgetag an seinen Bruder vom letzten Abschnitt seiner Reise. „Die Fahrt war bequem, aber selbst bis Aachen konnte ich nicht einmal für eine einzige Stunde alleine sein, fortwährend mußte ich mich unterhalten, so daß ich nur nachts ein echter Petja war, ansonsten immer ein falscher. Obwohl die Reisegefährten bis nach Wien sehr symphatisch waren, besonders ein Engländer, um die 22 Jahre alt (in Odessa geboren). In Podvolocisk gab es eine Menge Fehlschläge; erstens man hat mir 100 Zigaretten konfisziert und man hat sich mir gegenüber sehr beleidigend benommen; zweitens, man hat mich gezwungen meinen Koffer, der bei mir war, in den Gepäckraum abzugeben; und drittens, als ich mich endlich in den Wagen setzte und außer zwei Odessaer noch irgend einen neuen Herren als Reisebegleiter im Abteil hatte, rief der Letztere, kaum das wir uns in Bewegung setzten: ‚Tschaikowsky! Bist du es etwa? Er-

Ansichtskarte von Köln; ca. 1900

kennst du mich wirklich nicht?' – und es hat sich herausgestellt, daß er derselbe Vrangel ist [er hatte gemeinsam mit Tschaikowsky die Rechtsschule besucht; beide sahen sich seit 1859 das erste mal; Anm.d.V.] mit welchem du mich einst in Kamenka erschreckt hast. Du kannst dir vorstellen wie es mir ging, bei dem Seelenzustand, in welchem ich mich befand, mich mit einem Menschen per du zu unterhalten, welchen ich seit 1859 nicht gesehen habe und mit welchem ich nichts gemeinsames habe, außer der Zugehörigkeit zu den Rechtsgelehrten. Auch in Wien wollte er mich bei sich festhalten, aber ich habe ihn angelogen und bin einfach davongelaufen, ich habe ein heißes Verlangen nach einigen Stunden des Alleinseins. In Wien verweilte ich von 7 Uhr morgens bis 4 nachmittags; ich machte Halt im ‚Goldenes Lamm', wo die Dienerschaft mich erkannte und wo alles wie früher ist, obwohl der frühere Besitzer gestorben ist.

Um 4 Uhr bin ich mit einem ungewöhnlich schnellen Zug abgefahren (durch Passau, Regensburg, Nürnberg, Mainz und Köln). In Köln bin ich erst am Morgen des nächsten Tages d.h. gestern am 15., angekommen und bin dort für einige Stunden geblieben, um mich von der Reise, von der Unterhaltung über die Politik mit dem Nachbar aus Ungarn, der mich mit seinem Geschwätz einfach gequält hat, etwas zu erholen, um mich mit Hilfe eines großen Spazierganges zu Fuß auf die bevorstehenden Aufregungen vorzubereiten. Ich war zwei Mal sehr lange im Kölner Dom, spazierte am Ufer des Rheins entlang, aß vortrefflich zu Mittag in einem kleinen Restaurant und am Abend, um 6 Uhr fuhr ich ab und war um 8 in Aachen."[81] Auf seinem Spaziergang durch Köln mag Tschaikowsky sich an seinen Aufenthalt in der Stadt am 6. Juli 1873 erinnert haben. Von Dresden kommend übernachtete er damals „im Turmgeschoß des Hotel du Nord."[82]

Ansichtskarte von Wien, Naschmarkt mit Hotel Goldenes Lamm; ca. 1900

---

81   Brief Nr. 3287
82   Kuhn, Tagebücher, S. 5

Ansichtskarte von Köln, Hotel du Nord; ca. 1905

Rezensionen von Kölner Tschaikowsky-Konzerten
Pikanter und musikalischer waren zwei Quartettsätze von Tschaikowsky.

Zwar beabsichtigte Tschaikowsky in den nächsten zwei Jahren seinen Ruhm und seine Bekanntheit durch kräftezehrende Tourneen auch in Europa zu steigern – Dirigate in Köln sowie mehreren anderen deutschen Städten sollen dies unterstützen –, doch im Programm von großen Häusern hatte seine Musik schon längst Eingang gefunden. Da bildete die Region Köln/Düsseldorf keine Ausnahme. Wenige Wochen vor seinem Eintreffen in Aachen berichtete die „Neue Zeitschrift für Musik" am 16. Juni 1887 aus Düsseldorf: „Die Ereignisse der letzten Wochen auf dem Gebiete unseres Concertwesens waren: Die beiden letzten Concerte des ‚Musikvereins', in deren einem Herr Emil Sauer als Pianist erschien und durch seinen in technischer Beziehung eminenten Vortrag eines Concerts von Tschaikowsky den Ruf, der ihm voranging, durchaus rechtfertigte, während in dem anderen die Cdur-Messe von Beethoven und einige reizende Soloquartette von Brahms von den Solisten des Abends ... gesungen wurden."[83]

Die Kompositionen des Komponisten wurden nach den Konzerten keineswegs von den Rezensenten in den Fachorganen immer bejubelt. Es gab durchaus kritische, teilweise abfällige Kommentare. In Köln fand Tschaikowsky ein positives Echo auf sein Schaffen. Der Rezensent in der „Neue Musik-Zeitung" befand in seinem Beitrag über ein Konzert vom 23. Januar 1886 in Köln: „Die gestrige Heckmann'sche Kammermusik–Soiréé brachte eine Anzahl Novitäten, die mehr oder weniger erfolgreich und in-

---

83   Neue Zeitschrift für Musik, No. 24, 1887, S. 259

Ansichtskarte von Köln, Hotel du Nord; o.D.

teressant waren. ... Pikanter und musikalischer waren zwei Quartettsätze von Tschaikowsky. Unter den modernen Componisten jüngsten Datums nimmt dieser Künstler unbestritten einen hohen Rang ein; man darf ihn als einen Wortführer der neuen Schule betrachten. Ein entschiedenes Talent, leider nur sehr vermischt mit nationalen Elementen; doch nimmt man dies in jetziger Zeit nicht so genau. Das Scherzo aus op. 30 ist voll feiner Pointen und durchweht von neckischem Humor. Es ist, wenn man so sagen darf, ein spannendes Spiel, das die vier Instrumente mit einander treiben: Wortspiele, Scherze, Räthsel, und Bonmots wechseln bunt ab. So läßt sich Inhalt und Form dieses geistreichen Satzes am Besten illustrieren. Das Andante aus op. 22 ist klangschöne, poesievolle, aus innerem, Gefühle hervorgegangene Musik, von hohem Gedankenfluge und interessanter geistreicher Arbeit."[84]

Wäre Tschaikowsky ein paar Tage früher in Köln eingetroffen, hätte er im Rahmen der Festkonzerte der 24. Tonkünstler-Versammlung des Allgemeinen deutschen Musikvereins vom 26. bis 29. Juni 1887 seinen Namen im Programm entdecken können. Der Rezensent Oscar Laffert berichtete in der „Neue Musik-Zeitung": „... Im dritten Konzert hätte der Komponist d'Albert seine dramatische Ouverture op. 9 schließlich durch eigene Direktion kaum mehr zu Effekt bringen können, als es durch Herr Professor Wüllner's nachfühlende Direktion geschah. Bei der ersten einmaligen Begegnung imponiert die korrekte glatte Form, ohne sonst nachhaltigen Eindruck zu hinterlassen. Unbestrittenen Erfolg erreichte der Klavierheros d'Albert mit Tschaikowsky's genial hingeworfenem Klavierkonzert in Bmoll op. 23, trefflich unterstützt von seinem Bechstein-Flügel. ..."[85]

---

84   Neue Musik-Zeitung, Nr. 3, 3. Beilage, 1886, o.S.
85   Neue Musik-Zeitung, Nr. 13, 2. Beilage, 1887, S.153f.

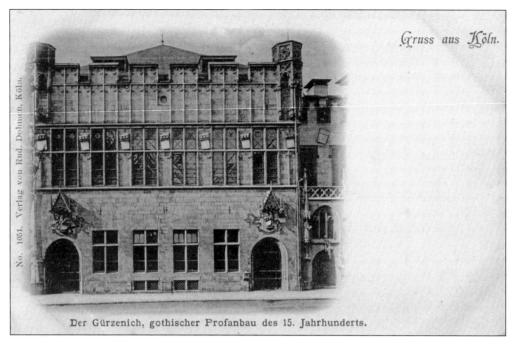

Gruss aus Köln.

No. 1051. Verlag von Rud. Dohmen, Köln.

Der Gürzenich, gothischer Profanbau des 15. Jahrhunderts.

Ansichtskarte von Köln, Der Gürzenich; o.D.

Zur Begrüßung der Teilnehmer der Tonkünstler-Versammlung veröffentlichte die Neue Musik-Zeitung in ihrer Ausgabe Nr. 13 in der Beilage ein „Willkommen am Rhein!" Ausführlich wird den Lesern „eine kurze Vorgeschichte von Köln gebracht" und „das Innere des ‚Gürzenich' des Haupt-Festsaales der Aufführung" geschildert. Der weit überwiegende Teil des Beitrags bezieht sich auf den „Dom, das großartige Wahrzeichen gotischer Baukunst, erhebt sich am Ostrande eines 19 Meter über dem Rhein aufragenden, zumeist aus römischen Trümmern aufgeschütteten Hügels."[86] Offensichtlich war auch Tschaikowsky vom „Wunderwerk Deutschlands" tief beeindruckt; sonst wäre es kaum erklärbar, daß er zwei mal sehr lange im Dom sich aufhielt.

Tschaikowsky war fleißiger Zeitungsleser und hielt sich über Aktuelles informiert. Es ist möglich, daß er während seines Aufenthaltes in Aachen von dem vergangenen Musikfest gelesen hat. Der exzellente Ruf des „Gürzenich" dürfte auch ihm schon zu Ohren gekommen sein. Am 31. Januar 1889 wird Tschaikowsky im 8. Gürzenich-Konzert persönlich dirigieren und „der Saal ist auch ausgezeichnet"[87] an seinen Bruder Modest berichten. Bei seinem Spaziergang in Köln, der letzten Reisestation vor Aachen, wird zwar der „Gürzenich" von ihm nicht ausdrücklich erwähnt, doch ist es nicht abwegig, daß er hier vorbei kam und einen neugierigen Blick auf das Gebäude warf. Nach einer abwechslungsreichen Vorgeschichte wurde das Gebäude nach „umfassendem zweijährigen Neubau" 1857 „seinem jetzigen hohen Zwecke, eine würdige Repräsentanz der Stadt, der Pflege edler Musik, erschlossen. Im Erdgeschoss des Gürzenich wurde das ehemalige Lagerhaus ... zu einer prachtvollen Börsenhalle umgebaut. Im ersten

---

86   Neue Musik-Zeitung, Nr. 13, 1. Beilage 1887, S. 149
87   Tschaikowsky, Bd. 2, S. 515

Ansichtskarte von Aachen, Kurhaus; ca. 1903

Stock liegt der große Festssal, 53 Meter lang, 22 Meter breit, dreischiffig von 22 reich geschnitzten hölzernen Säulen getragen, mit Gallerie ...“[88]

In der 3. Beilage zu Nr. 21 der „Neue Musik-Zeitung" wird bereits auf die anstehende Europa-Tournee hingewiesen: „Peter Tschaikowsky, der bekannte russische Komponist, wird Mitte Januar in Berlin ein Konzert geben, in welchem eine Reihe seiner Orchesterwerke unter seiner persönlichen Leitung zu Gehör gebracht werden soll."[89]

Hotel und Badehaus ‚Neubad'
Alle Bäder sind gut gehalten und stehen unter
städtischer und staatlicher Aufsicht.

Vom Bahnhof Aachen dürfte sich Tschaikowsky mit einer dort wartenden Droschke, mit großen Befürchtungen was auf ihn zukommt, auf den Weg zu seinem wartenden Freund gemacht haben. Der „Tarif für das ein- und zweispännige Droschkenfuhrwerk in Aachen und Burtscheid" sah für Fahrten im inneren Stadtbezirk in der Zeit „Von Morgens 6 Uhr bis 10 Uhr Abends für eine Person" einen Fahrpreis von 60 Pfenningen vor. Darüber hinaus galt: „Gewöhnliche Reisesäcke, Handkoffer und Hutfutterale unter 10 Pfund im Einzelnen sind frei. Für 1 Koffer, Kolli und ähnliches Gepäck ist pro Stück außer der Taxe 30 Pfennige zu zahlen. ... Trinkgelder außer der Taxe dürfen nicht ge-

---

88   Neue Musik-Zeitung, Nr. 13, 1. Beilage, 1887, S. 149
89   Neue Musik-Zeitung, Nr. 21, 3. Beilage, 1887, S. 253

fordert werden ... Die Tourfahrt im inneren Stadtgebiet ... endet, wenn der Fahrgast aussteigt oder halten läßt."[90]

Als Ziel der kurzen Fahrt gab Tschaikowsky dem Kutscher das ‚Hotel Neubad', Büchel 34, an. Der Kurgast hatte die Möglichkeit mit Hilfe eines „Neuester Führer für Touristen und Kurgäste" unter verschiedenen „Badehäuser" zu wählen:

Badehäuser	Strasse	Anmiether
Kaiserbad	Büchel 30	Herr Dremel
Rosenbad	Comphausbadstr. 20	Herr J. Henrion
Königin von Ungarn	Edelstr. 1	Herr Habets
Neubad	Büchel 34	Herr Dremel
Corneliusbad	Comphausbadstr. 18	Fräulein Thomas
Quirinusbad	Hof 7	Fräulein Buchholz
Karlsbad	Comphausbadstr. 16	Geschwister Brock
Comphausbad	Damengraben 23	Herr Gensike

„Die Bäder 1,3,4, werden von der Kaiserquelle, 6 von eigenen Quellen, 2 und 8 von der Rosenquelle, 5 und 7 von der Corneliusquelle mit Thermalwasser versehen. Die sogenannten oberen Bäder sind 1,3,4,6, die unteren 2,5,7,8. Die 8 Badehäuser sind alle städtisches Eigenthum und vermiethet. Die Reihenfolge, in welcher die Bäder obenstehend aufgeführt sind, entspricht der Höhe der Jahresmiethe, so dass von 1 die höchste, von 8 die niedrigste Miethe gezahlt wird. Die Höhe der Pachtsumme hängt natürlicher Weise mit der Grösse und Eleganz des Hauses, der Zahl der Zimmer und Bäder und dem gebotenen Comfort zusammen.

Alle Bäder sind gut gehalten und stehen unter städtischer und staatlicher Aufsicht. Jedes Badehaus hat eine Badetaxe.

Alle Badehäuser sind zugleich Hotels. Alle sind das ganze Jahr hindurch geöffnet. Anfragen wegen Wohnungen etc. sind an Einen der Anmiether zu richten, womit man sich über den Tagespreis des Zimmers, der Speisen, des Kaffees, der Bedienung (resp. Pensionspreis) im Voraus zu verständigen pflegt. Eine Zimmertaxe besteht nicht. In den meisten Badehäusern findet kein gemeinsamer Mittagstisch statt. Wo dies nicht der Fall ist und man nicht in einem anderen Hotel (etwa in einem dem Badehaus gegenüber liegenden) diniren will, (die 4 erstgenannten Bäder sind an Besitzer gegenüberliegender Hotels vermiethet) was Jedem frei steht, besorgt der Bade-Inhaber das á la carte verlangte Diner. Ebenso kann man das Abendessen im Badehause haben oder in einer Restauration einnehmen."[91]

Die Droschke könnte vom „Rheinischer Bahnhof" über die Bahnhofstrasse, Hochstrasse, Theaterstrasse, weiter Theaterplatz, einbiegend in den Fr. Wilhelm Platz, Holzgraben, Edelstrasse und schließlich Büchel erreichend, zum ‚Neubad' gelangt sein. Noch am Abend des 15. Juli 1887 (Mittwoch den 27. Juli 1887) sucht er seinen Freund auf und erhält einen ersten Eindruck über dessen bedauernswerten Zustand.

Tschaikowsky wird im Aachener Kur- und Fremdenblatt erstmals in der Ausgabe vom Sonntag, den 7. August 1887 erwähnt: „Tschackowsky, P; Rtn., Russland (Hotel) Neubad."[92]

---

90   Adreßbuch 1887 (Anhang: Gemeinnütziges), S. 57.
91   Lersch, 1881, S. 116f.
92   Aachener Kur- und Fremdenblatt Nr. 84, S. 5

Wiedersehen mit Kondratjew

Er weinte und küßte mich unendlich.

Erleichtert stellte Tschaikowsky zunächst fest, daß Kondratjews gesundheitliche Verfassung nicht ganz so schlimm war wie befürchtet. Große Freude bereitete ihm das Wiedersehen mit dem Diener seines Freundes, Sascha, den er sehr mochte. In seiner Tagebucheintragung vom 15. Juli 1887 steht Sascha auch an erster Stelle: „Wiedersehen mit Sascha und N. D."[93]

In einem ausführlichen Brief an seinen Bruder Modest schilderte der Komponist am 16. Juli 1887 (28.7.1887) seine ersten Eindrücke: „... Als ich in Neubad ankam, rief ich nach Sascha und unmittelbar danach hörte ich die fröhliche Stimme von N. D., der erraten hat, dass ich es bin, deshalb ich hatte kaum die Antwort von Sascha gehört, befand ich mich plötzlich schon im Zimmer von N. D., welcher auf dem Sofa saß und bei meinem Anblick eine unglaubliche Freude zeigte. Er weinte und küßte mich unendlich; man sieht, obwohl Sascha bei ihm ist, daß ihm bei alledem eine nahe Person fehlte. Er machte auf mich gleich einen beruhigenden Eindruck. Du kannst dir gar nicht vorstellen welch günstige Veränderung sich in ihm vollzog. Die Magerkeit ist vielleicht noch mehr als im Mai in Petersburg, – aber das ist schon eine Magerheit eines Menschen, der sich auf dem Wege der Genesung befindet. In der Stimme, in den Bewegungen, im Blick, in jedem Detail sieht man die Frische und einen neuen Zustrom des Lebens. Er hat mir alles was sich ereignete ausführlich erzählt. Aus seinen Erzählungen und aus den Erzählungen von Sascha erfuhr ich, dass all seine ersten Telegramme aus Aachen über die Verbesserung seiner Gesundheit falsch waren und daß es ihm nie so schlecht wie in der ersten Zeit ging. Zur allgemeinen Krankheit haben sich neue qualvolle Wehwehchen in Form von Geschwüren dazugesellt – eins davon wurde ihm rausgeschnitten, wobei er entsetzlich litt – und tausend andere. Es gab gar keinen Schweiß, d.h. es gab zwar Schweiß, aber wie früher, nur am Kopf. Aber als sich Schuster [behandelnder Arzt, Anm. d. V.] zu heldenmütigen Mitteln entschloß, d.h. zu 40 Grad warmen Bädern, zeigte sich auf einmal reichlicher Schweiß auf den Beinen, es folgte ein ausgezeichneter Appetit und Schlaf, und alles ging besser. Als ich mit N. D. ausgiebig gesprochen und ihn zu Bett gebracht habe, gingen wir mit Sascha zu Abend essen, wobei der liebe Sascha in der rührendsten Art seine Freude und Dankbarkeit dafür, daß ich gekommen bin, geäußert hat. Man hat gesehen, daß es ihm allein unheimlich zumute war und daß meine Ankunft ihm eine große Erleichterung von seinen Sorgen und Ängsten brachte.

Heute am Morgen war ich bei der Visite des Doktor Schuster, beim Spritzen und dem Verbinden einer riesigen Wunde vom Schnitt des Geschwürs, beim Abklopfen und Abtasten des Bauchs usw., anwesend. Die Wassergeschwülste auf den Beinen sind schon deutlich kleiner; der Bauch ist noch groß, aber weicher und nimmt jeden Tag allmählich ab. Lange bevor die Visite des Doktors zu Ende war, ging ich raus und wartete auf Schuster, um mit ihm allein zu sprechen. Mit einer gewissen Angst erwartete ich, daß Schuster mir sagt, daß es ihm dennoch schlecht geht. Wie war dann mein Erstaunen und meine Freude als Schuster mir sagte: ‚Mais il est sauvé, il est hors de danger et, á moins qu'une nouvelle complication quelconque n'arrive, il est en pleine voie de guérison. [Aber er ist gerettet, er ist außer Gefahr und soweit keine neue Komlkation auftritt ist er auf dem besten Wege der Genesung, Anm. d. V.]' Er hat mir erzählt wie er

---

93   Kuhn, Tagebücher, S. 205

••

ihn in der ersten Zeit für verloren hielt, wie er sich entschied ihn im heissen Schwefelbad buchstäblich zu kochen und wie nach diesem entscheidenden Mittel alles besser ging. Sowohl der Kranke, als auch der Doktor und Sascha bestätigen, daß die Nachricht über meine Ankunft auch einen guten Einfluß auf den Verlauf der Krankheit hatte."[94]

Tschaikowsky sah die Zukunft Kondratjews optimistisch: „... aber nicht destotrotz, du wärst von der günstigen Veränderung, die mit ihm geschah, in Erstaunen versetzt worden. Er ist wieder er selbst geworden und nicht dieser Schatten, welchen du statt seiner in Petersburg sahst. Seine Gemütsverfassung ist ausgezeichnet und alle früheren Späße und Streiche, mit welchen er auch früher seine gute Gemütsverfassung zeigte, wiederholen sich jetzt auch wieder auf Schritt und Tritt."[95]

Ein erster gemeinsamer Ausflug trübte, trotz anfänglicher Schwierigkeiten, diesen Optimismus nicht: „... um 4 Uhr war ich bei N. D., welcher mich erwartete, um spazieren zu fahren. ... Über zwei Stunden sind wir spazieren gefahren. N. D. war keineswegs müde, er genoß die Luft des Waldes und war erstaunlich fröhlich, trank das Bier aus irgend einem kleinen Restaurant, – also, kurzum, ich sah ihn an und staunte. Man kann einfach nicht glauben, daß es derselbe Mensch ist, welcher sich neulich noch hin und her warf und hilflos mit dem Gesichtsausdruck einer Leiche dasaß. Es ist wirklich ein Wunder geschehen, und alles geht dermaßen gut, daß es unheimlich ist: und was wenn das alles eine vorübergehende Erleichterung ist? Aber der Doktor hat mir heute so überzeugend gesagt: 'Il est sauvé', – daß ich einen Gedanken an einen Rückfall von mir jage."[96]

Diese unerwartete Entwicklung von Kondratjew wirkte sich auch auf den Gemütszustand des engen Freundes aus: „Mein Seelenzustand ist hier unendlich leichter, als er es unterwegs war. Ich sehe ein, daß meine Ankunft eine riesige Freude und einen Nutzen für N. D. und Sascha gebracht hat."[97]

Stadtbild

Welch ekelhafte Luft ist, nebenbei bemerkt, in Aachen.

„Aachen ist mir nicht widerlich – das ist alles, was ich vorläufig sagen kann. Was hier wirklich widerlich ist – das ist die Luft, die von irgendwelchen Speisengerüchen, Kardamom und anderen Gewürzen durchtränkt ist."[98]

Dies war Tschaikowskys erster Eindruck von Aachen wie er ihn am 16. Juli 1887 (28.7.1887) an seinen Bruder Modest vermittelte. Aus den vielen Briefen die der Komponist aus Aachen schrieb, läßt sich schließen, daß die Stadt sein Herz nicht gewonnen hat. „Aachen gefällt mir gar nicht, es ist eine langweilige und unsympathische Stadt."[99] „Aachen, als eine europäische Stadt, ist sehr komfortabel und hier zu wohnen ist in vielen Beziehungen sehr bequem und angenehm. ... Aber ich habe nichts gesehen, was derart trostlos, langweilig und jeden Reizes, jeder Symphatie beraubt ist. Es gibt keine, oder fast keine, historische Sehenswürdigkeit; künstlerisches gibt es auch nicht;

---

94   Brief Nr. 3287
95   Brief Nr. 3287
96   Brief Nr. 3287
97   Brief Nr. 3287
98   Tschaikowsky, Bd. 2, S. 416 und Brief Nr. 3287
99   Brief Nr. 3288

es gibt keinen Fluß, keine malerische Umgebung, – also, kurzum, absolut nichts."[100] „Aachen ist eine Stadt, der jedes Interesse und Reiz entzogen ist. Es gibt keinen Fluß, keine Gärten, keine prächtigen Strassen; es gibt wenige historische Sehenswürdigkeiten und noch weniger malerische Umgebung."[101] „Welch ekelhafte Luft ist, nebenbei bemerkt, in Aachen!"[102] „Aachen ist sehr unsympathisch, obwohl, wie jede deutsche Stadt, sauber, wohleingerichtet und bietet alle Voraussetzungen für das materielle und leibliche Wohlergehen, welches ich genieße."[103]

Weniger abschätzig fällt das Urteil aus, wenn Tschaikowsky das Ziel seines Aufenthaltes in Bezug setzt: „Ich muß eine Menge kleiner Dienste und Aufträge für N. D. erledigen und die Erkenntnis des riesigen Nutzens, den ich bringe, versöhnt mich mit Aachen."[104] Ähnlich klingt es in einem weiteren Brief: „Meine Ankunft war für ihn eine riesige moralische Stütze und die Erkenntnis, daß ich ihm so viel Nutzen und Erleichterung brachte, hat mich sowohl mit der Bitterkeit des Aufenthaltes im sehr unsympathischen Aachen, als auch damit,

Ansichtskarte von Aachen, Münster vom Fischmarkt; o.D.

daß ich notgedrungen die Orte verlassen mußte, wo man schön lebte, versöhnt."[105]

Die in den vielen Briefen über die Stadt und seiner Umgebung geäußerten Vorbehalte, spiegeln sich allerdings in den langen und detaillierten Tagebucheintragungen des Russen nicht wieder. Hier lassen sich keine Unsympathien ausmachen. Im Gegenteil; im Verlaufe seines Aufenthaltes und zunehmender Vertrautheit mit der Umgebung, klingt seine Bewertung öfters ganz anders. „Große Spazierfahrt in die Umgebung ... Ein

---

100   Brief Nr. 3290
101   Brief Nr. 3291
102   Brief Nr. 3293
103   Brief Nr. 3294
104   Brief Nr. 3289
105   Brief Nr. 3295

Holzturm den ich mit Sascha bestieg. Herrlicher Ausblick."[106] „Bin herrlich spazierengegangen, irgendwo hinter dem Stadttor an einem Wäldchen, wo es ländlich roch."[107] „Bin
auf die Promenade gegangen. Schöne Ausblicke."[108] „Ich machte einen ausgedehnten Spaziergang aus der Stadt hinaus, auf einer schönen Straße, die zu den Bergen
führte."[109] Im übrigen wird die Stadt Aachen ohne eine abwertende Bemerkung bereits
im Brief vom 28. Juni 1886 an Frau von Meck erwähnt: „Colonne [Edouard Colonne,
französischer Geiger und Dirigent, 1838-1910, Anm. d. V.] ... bat mich, einige Partituren
nach Aachen zu schicken, damit er im Laufe des Sommers das Programm zusammen-
stellen könne."[110]

Vermutlich bewirkten die bedrückenden Erlebnisse mit dem leidenden Freund die
abwertenden Schilderungen in Tschaikowskys Briefen. Seine Sehnsucht nach den in
Borschom zurückgelassenen Verwandten sowie sein grundsätzliches Heimweh mögen
ihn ebenso beeinflußt haben, Aachen und seine Landschaft in düsteren Farben zu sehen. Denkbar ist auch, daß Tschaikowsky das Mitgefühl der Briefempfänger über seine
eigene persönliche Situation befördern wollte.

Die zeitgenössischen Reiseführer vermittelten dem Neuankömmling – abgesehen
von einem Rückblick in die großartige ältere Geschichte – das Bild einer sich rasant
wachsenden Stadt. "Hauptort des gleichnamigen Regierungsbezirkes, eine der bedeutendsten Städte der preussischen Rheinlande, verdient als ehemalige freie Reichsstadt
und Krönungsstätte der deutschen Könige, als Thermalkur-Ort, als Handelsplatz und
wegen einer vielseitig ausgebildeten Industrie im hohen Grade die Aufmerksamkeit der
Fremden. Ebenweit von der Maas als von der Roer oder Ruhr entfernt, in einem an-
muthigen Thale fast an der Grenze von Holland und Belgien gelegen, bietet die schöne
betriebsame Stadt einen natürlichen Durchgangspunkt, sowohl für die aus jenen Nach-
barländern nach Deutschland Reisenden, sowie für Deutsche, welche den Nordwesten
des Continentes besuchen wollen. Sie wird von einigen 100 Strassen und Plätzen gebildet, die fast alle, selbst in der Mittelstadt, hinlängliche Breite haben und jetzt grösstent-
heils mit sehr bequemen Bürgerstegen (Trottoiren) versehen sind. Wohl die ansehnlich-
ste unter ihnen ist die vom Jahre 1824 an entstandene Theaterstrasse mit ihrer Verlängerung, der Hochstrasse. Die wenigen, welche hierorts Gassen genannt werden, sind
vorzugsweise die engeren. ‚Graben' heissen jene Strassen, welche das innere oder das
äussere Polygon der alten Festungsgräben eingenommen haben; ein Theil von ihnen
ist, wie auch ein Theil der Plätze, mit Bäumen bepflanzt. Von den ebenso bepflanzten
Wällen der mittelalterlichen Festung sind kaum noch Reste vorhanden. ... Unter den
Privatbauten ziehen manche das Auge der Fremden an durch ihren schönen oder doch
wenigstens eigenthümlichen Styl; eine grosse Auswahl an architektonischen Formen
bietet der neu entstandene Stadttheil am Lousberg. ... Vor manchen kasernenmässig
gestalteten Fabriken macht sich das imposante Gebäude des Lochner'schen Etablissements (Karlsgraben) bemerklich. Auch gibt es einige in gothischem Style ausgeführte
Gebäude, unter denen das vor wenigen Jahren neu erbaute Karlshaus (Kupuzinergra-
ben) sich auszeichnet. Andere mehr oder minder imposante Gebäude im Geschmacke
der neuesten Zeit findet man in Grosskölnstrasse, Comphausbadstrasse, Theaterstras-

---

106   Kuhn, Tagebücher, S. 206
107   Kuhn, Tagebücher, S. 207
108   Kuhn, Tagebücher, S. 209
109   Kuhn, Tagebücher, S. 211
110   Baer/Pezold, S. 484

se, Wilhelmstrasse; am Neuthore ist eine neue Facade geziert mit schöner Malerei, die sich auf das Geschäft des Hausbesitzers bezieht. Als Baumaterial ist vielfach eine Art Marmor, ein bläulicher bei Cornelymünster gebrochener Kalkstein, in neuerer Zeit auch oft Maestrichter Sandstein verwendet."[111]

Der von Tschaikowsky als unangenehm wahrgenommene Geruch könnte von der Aachener Printen- und Dampf-Chocoladenfabrik, Henry Lambertz (Nachfolger Christian Geller) Markt 7 stammen. „Im Jahre 1688 erteilte der Rat der Stadt Aachen die ‚Gerechtsame', ein Backhaus auf dem Grundstück Markt 7 zu errichten; das Stammhaus der Firma Henry Lambertz. Neben dem täglichen Brot wurden die traditionellen Aachener Printen gebacken, gewürzte Gebildbrote, die man mittels geschnitzter Holzmodeln aus dem Teig preßte. Die Erfindung billigen Zucker aus Rüben zu gewinnen, machte die Verwendung von Modeln sinnlos, da die Linien im süßeren Teig beim Backen zerflossen. Das veranlaßte Henry Lambertz um 1820, die noch heute übliche längliche Schnitte einzuführen."[112] Die genauen Rezepte, besonders die Würzmischung der Printen wird von den Printenbäckern geheimgehalten. Die Mischung besteht aus Zimt, Anis, Nelken, Kardamom, Koriander, Piment, aber auch Orangeat und Ingwer werden verwendet.

Werbeanzeige im Neuesten Führer für Kurgäste und Touristen

Ob Tschaikowsky während seines Aufenthaltes in Aachen die Aachener Printen gekostet hat, läßt sich nicht nachweisen – den Geruch der Gewürze, insbesondere Kardamom – hatte er sicherlich in der Nase.

---

111 Lersch, 1885, S. 1ff.
112 Vgl. Aachen, Herausg. Kunstverlag J. Bühn, Hauptredaktion Presseamt der Stadt Aachen, o.S.

Natur- und Kinderfreund

Wohltätigkeiten gibt es heute nicht.

Schon am 19. Juli 1887 (31.7.1887) berichtete der Komponist an Nikolai Konradi, daß sein Tagesablauf sich inzwischen in wiederholenden Bahnen vollzieht. Bedingt durch Behandlungstermine und den Wunsch des Freundes, Tschaikowsky möglichst immer um sich zu haben, war die Zeit für Erholung und Abschalten vom unaufhaltsamen Fortschreiten der Krankheit und deren schrecklichen Ausprägungen eng begrenzt. „Mein Leben ist ins Gleis gekommen und ich kann dir die Tagesordnung erzählen. Ich stehe um 7 Uhr auf; bis 8 trinke ich Tee und lese die Zeitungen. Von 8 bis 9 instrumentiere ich die Mozart'sche Suite. Um 9 Uhr kommt Sascha Legoschin, um zu berichten, daß man herunterkommen [in das Zimmer von N. D., Anm. d. V.] darf. Ich gehe nach unten und sitze mit N. D. bis 10 Uhr. Um 10 Uhr gehe ich für eine Stunde spazieren. Um 11 Uhr komme ich zurück und, während ich bei N. D. sitze, schreibe ich Briefe und unterhalte mich ein wenig mit dem Kranken. Um 1 Uhr nehme ich ein kaltes Schwefelbad. Um 1 ½ gibt es ein Mittagessen. Das Mittagessen ist prächtig; ich habe ein Tischchen für mich; es dauert entsetzlich lang. Erst um 3 Uhr steht man vom Tisch auf; ich gehe noch eine Stunde spazieren. Um 4 Uhr fahren wir spazieren, die Spazierfahrt dauert zwei Stunden; manchmal auch länger. Während der Spazierfahrt wird von Zeit zu Zeit angehalten und N. D. macht Pipi. Das ist jedesmal eine große Geschichte ... Nach der Rückkehr sitzen wir noch zusammen; manchmal gehe ich noch für eine halbe Stunde spazieren. Um 8 Uhr wird Tee mit kaltem Rindfleisch im Zimmer von N. D. serviert. Danach kommt gewöhnlich der Doktor, und nach seiner Abfahrt unterhalten wir uns, ich lege eine Pati-

Ansichtskarte von Aachen, Waldschenke, o.D.

ence usw. Um 10 Uhr geht N. D. schlafen und ich gehe zu mir nach oben und lese oder schreibe wieder Briefe. Um 12 lege ich mich schlafen."[113]

Nach wenigen Tagen wird das gemeinsame Kartenspiel mit Kondratjew und Sascha eine feste Größe im Tagesablauf. „Der langweiligste Teil des Tages ist der Abend. Um die Zeit totzuschlagen, spielen wir jetzt Stukolka, aber N. D. ist noch so schwach, daß er sehr schnell ermüdet."[114] „An den Abenden spielen wir zu dritt Stukolka."[115] Das Pochspiel Stukolka oder Rams lenken zeitweise von Sorgen ab.

21.7.1887: „Stukolka."[116]
22.7.1887: „Pochspiel."[117]
23.7.1887: „Pochspiel."[118]
24.7.1887: „Rams."[119]
25.7.1887: „Rams."[120]
26.7.1887: „Nach dem Abendessen haben wir uns hingesetzt, um zu spielen."[121]
27.7.1887: „Spielen. Der Arzt. Wieder Spielen."[122]

Tschaikowsky liebte es in ausgedehnten Spaziergängen die Natur zu geniessen. Ob in Maidanowa – wo er gegenwärtig wohnte –, in Kamenka – wo seine Schwester Alexandra mit ihrer Familie lebte –, bei seinen Reisen im Ausland oder hier in Aachen; er schätzte die Wiesen und Wälder und den Duft der Blumen, die sein sensibles Wesen angenehm berührten. „... Überhaupt bin ich Gott sei Dank wieder offen für den Umgang mit der Natur und vermag, in jedem Blatt und in jeder Blüte etwas unbegreiflich Schönes, Beruhigendes, Versöhnendes und Lebenslust Spendendes zu sehen und zu verstehen ... Auch zu Hause beschäftige ich mich jetzt wieder besonders mit Blumen, und sei es auch nur mit der Kletterpflanze an der Galerie, deren erstaunliches Wachstum ich mit größtem Interesse verfolge ... Geheimnisvoll und feierlich!"[123] „Ging aus dem Haus, genoß den Anblick der Blumen und lief mit Aljoscha [Diener v. Tschaikowsky, Anm. d.V.] in meinen Besitzungen [gemietetes Anwesen in Maidanowo, Anm. d.V.] umher."[124]

Weniger schätzte er es allerdings wenn ihn Bekannte und Fremde ansprachen und ihn in dieser Phase des Wohlfühlens störten. Manche Belästigungen hatte Tschaikowsky jedoch selbst verursacht.

Im Februar 1885 bezog Tschaikowsky ein Landhaus in Maidanowo, in der Nähe der Stadt Klin. Er genoß es bei ausgedehnten Spaziergängen sich mit Musik zu beschäftigen, zu deklamieren, laut dramatische Scenen zu improvisieren oder sich an der Schönheit der Natur zu erötzen.[125] Als Vorteil erwies es sich, daß in der Nachbarschaft ein grosses Landhaus frei war, daß Kondratjew für den Sommer mietete.[126] Recht bald stellte sich sein neues Heim als keine gute Entscheidung heraus: „... hier in Maidanowo

---

113   Brief Nr. 3289
114   Brief Nr. 3296
115   Brief Nr. 3298
116   Kuhn, Tagebücher, S. 207
117   Kuhn, Tagebücher, S. 208
118   Kuhn, Tagebücher, S. 208
119   Kuhn, Tagebücher, S. 209
120   Kuhn, Tagebücher, S. 209
121   Kuhn, Tagebücher, S. 209
122   Kuhn, Tagebücher, S. 210
123   Kuhn, Tagebücher, S. 94
124   Kuhn, Tagebücher, S. 96
125   Vgl. Tschaikowsky, Bd. 2, S. 343f.
126   Vgl. Tschaikowsky, Bd. 2, S. 318

Maidanowo (Tschaikowskymuseum, Klin)

ist es mir schon unangenehm , daß die Wirtin in meiner Nähe wohnt. Ausserdem darf ich weder Blumen pflanzen, die mir gefallen, noch eine Laube bauen, noch einen Baum fällen lassen, der mir die Aussicht verdeckt. Auch kann ich den Leuten nicht verbieten, im Park an meinen Fenstern vorbei zu promenieren, denn in diesem Park stehen noch andere Häuser, welche vermietet werden ... ." [127]

Die Freude über das herrschaftliche von einem schönen Park umgebene Haus, am hohen Ufer des Flusses Sestra – der zum Baden einlud –, gelegen, war folglich eingeschränkt und Tschaikowsky bemühte sich um einen anderen Wohnsitz. Schließlich stimmte er dem Vorschlag seiner Hauswirtin zu und entschied sich für ein etwas abseits gelegenes Haus, das von ihr vorher selbst bewohnt war, mit einem großen Garten der ihm zur Verfügung stand. Obwohl die Gegend Tschaikowsky „nicht sehr nach dem Herzen" war, bewog ihn die Nähe zu der Stadt Klin mit all seinen städtischen Einrichtungen wie, „Bahnhof, Telegraph, Läden, Arzt, Apotheke" in Maidanowo zu bleiben.[128]

Daran, daß auch sein neues Heim ihm nicht immer ungetrübte Freude bereitete, war Tschaikowsky nicht ganz unschuldig. „Wie jeder gutherzige Sommergast beschenkte er [Tschaikowsky, Anm.d.V.] nämlich die Dorfkinder mit kleinem Geld und zwar recht freigiebig. Zuerst machte es ihm Vergnügen, artete aber später in eine wahre Plage aus. Die Kinder warteten auf ihn an jeder Ecke und überraschten ihn – als sie bemerkten, daß er ihnen aus dem Wege zu gehen begann – an den unvermutetsten Stellen im Walde. Die Sucht nach seinen Groschen ging von den Kindern auch auf die Dorfjugend, ja, sogar auf erwachsene Weiber und Männer über, so daß er bald keinen Schritt gehen

---

127   Tschaikowsky, Bd. 2, S. 320
128   Tschaikowsky, Bd. 2, S. 338

konnte, ohne angebettelt zu werden ... Es blieb Peter Iljitsch nichts anderes übrig als einige Zeit hindurch die Grenzen seines Parkes nicht zu überschreiten."[129]

Auch im Tagebuch Tschaikowskys findet diese Entwicklung ihren Niederschlag. 30.7.1886: „... Ging spazieren. Herrlicher Abend. Wünschte Begegnungen mit den Dorfkindern und schenkte ihnen bereitwillig etwas Geld."[130] 15.8.1886: „Habe mir Kleingeld verschafft, bin damit ins Dorf gegangen und habe allerhand davon verteilt."[131] 17.8.1886: „Belästigung durch Kinder aus Maidanowo."[132] 23.8.1886: „Diese Kinder sind zwar alle widerliche Gören, aber in ihnen äußert sich der rein großrussische Geist auf derart ansprechende und mitreißende Weise, daß ich einfach Rührung enpfinden mußte. (Ein kleines Mädchen verlangte 20 Kopeken, dann 100 Rubel und danach wieder ein Fünfkopekenstück)."[133] 31.8.1886: „Kleine Jungen sind mir gefolgt. Ich war wütend."[134] 21.9.1886: „Kleine Jungen und Münzen für sie".[135] 8.10.1886: „Noch nie haben mich so viele Leute von überall derart wegen Geld belästigt wie heute. Bin sehr viel losgeworden (an einen Künstler, einen Beamten, einen Mann mit Kindern, die durch einen Brand obdachlos geworden sind, an alte Frauen, alte Männer usw. usw.). Und sie pöbeln mich obendrein noch aus der Kneipe an, wenn ich vorbeigehe."[136] Die zeitweiligen Belästigungen hielten den gutmütigen Tschaikowsky nicht davon ab, sich sozial zu engagieren: „... Übrigens kann ich Ihnen [Frau von Meck, Anm. d. V.] heute auch etwas Erfreuliches mitteilen. Da ich immer wieder beobachten konnte, daß die Dorfkinder untätig und sinnlos auf den Straßen herumlungerten, machte ich dem Pfarrer den Vorschlag, eine Schule einzurichten. Und nun erwies es sich als durchaus möglich, wenn ich jährlich eine bestimmte Summe zur Verfügung stelle. Ich willigte ein, worauf der Pfarrer vor zwei Monaten Schritte unternahm, um die Genehmigung zu erhalten, die jetzt eingetroffen ist. Bereits in dieser Woche beginnt der Unterricht. Ich freue mich sehr."[137]

Auch in Aachen hatte Tschaikowsky seiner Freude an Kindern und vermutlich auch seiner Großzügigkeit freien Lauf gelassen. Schon kurz nach der Ankunft in Aachen, nach einem seiner ersten Spaziergänge, trägt er unter dem 17. Juli 1887 (29.7.1887) in sein Tagebuch ein: „Drei Knaben waren mir schrecklich sympathisch. Junge Mädchen."[138] Ähnlich wie in Maidanowa steckte er Kindern in Aachen kleine Aufmerksamkeiten zu; seine Tagebucheintragung vom 12. August 1887 (24.8.1887) deutet dies an: „Netten spanischen Kindern zugelächelt. Wohltätigkeiten gab es heute nicht."[139]

Von eigenen Landsleuten wird Tschaikowsky in Aachen nicht belästigt. Er erwähnt lediglich „Herrn Morawski"[140], – „Jos. Morawski Staatsrath, Archangel", wohnte in der „Comphausbadstrasse 17"[141] –, der den Kranken besucht und mit Tschaikowsky „so

129 Tschaikowsky, Bd. 2, S. 344
130 Kuhn, Tagebücher, S. 92
131 Kuhn, Tagebücher, S. 97
132 Kuhn, Tagebücher, S. 98
133 Kuhn, Tagebücher, S. 99
134 Kuhn, Tagebücher, S. 102
135 Kuhn, Tagebücher, S. 108
136 Kuhn, Tagebücher, S. 113
137 Baer/Pezold, Hans, S. 473
138 Kuhn, Tagebücher, S. 206
139 Kuhn, Tagebücher, S. 215
140 Kuhn, Tagebücher, S. 207, S. 208, S. 211
141 Aachener Kur- und Fremdenblatt Nr. 78, S.4

lange geredet, daß man davon ganz müde wurde."[142] „Stroganow"[143] kam zu Besuch und „Fürst Radziwill" [144] – „Prinz Constantin Radziwill u. Fam., Paris" wohnten im „Hotel z. Gr. Monarchen."[145] Die Ankunft von Stroganow "mit Bedienstetem", wohnhaft im Hotel Kaiserbad, ist im Aachener Kur- und Fremdenblatt in der Kurliste erstmals für Samstag den 20. August 1887 und danach bis einschließlich Sonntag den 30. Oktober 1887 erwähnt. Tschaikowsky schien es mehr Freude zu bereiten seine Landsleute zu beobachten, statt mit ihnen Kontakt zu suchen. „Beobachtete wieder die Russen (einer mager wie ein Polack, ein dünner Schönling mit schönen Händen und ein blonder, schmierig- süßlicher Typ, von dem man nicht wußte, ob er dazugehörte oder nicht)."[146] Andere Menschen zu beobachten war möglicherweise eine stille Leidenschaft des Komponisten. „Zu Hause. [im Haus in Maidanowo, Anm.d.V.] Habe mit dem Fernglas das Abendessen der Leute betrachtet."[147] „Die Schillings beobachtet??? Weshalb möchte ich nur so gern sehen und wissen, wie andere leben."[148] „Habe mit dem Fernglas die Leute beim Abendessen beobachtet."[149]

Thermalbäder – Quellen der Hoffnung
Dr. Schuster ist einer der liebenswürdigsten Juden.

Tschaikowsky erduldete ein Wechselbad der Gefühle. Zeitweise keimte Hoffnung, daß der kranke Freund genesen könnte, die aber schnell von um so schlimmeren Entwicklungen erstickt worden sind. Tschaikowskys Nächstenliebe wurde auf harte Proben gestellt. Ca. zehn Tage nach seiner Ankunft in Aachen schrieb der Komponist an seinen Bruder Modest: „Mit N. D. ist etwas nicht ganz in Ordnung. Ich weiß wirklich nicht wie man es erklären soll, nur ist aber diese Verbesserung, deren Existenz der Doktor Schuster weiterhin bestätigt, überaus wenig bemerkbar. Zwar hat man auf Grund der Geschwüre die heißen Bäder einstellen müssen, – aber doch darauf kommt alles eben an. Vorgestern hat man dem armen N. D. ein riesiges kaltes Geschwür rausgeschnitten, aus welchem eine Menge irgendeines ekelhaften Zeugs (aber kein Wasser) herausgeflossen ist. Sowohl er, als auch ich dachten, daß nach dieser Operation der Bauch und die Beine anfangen sich merklich zu verkleinern, – aber es ist nichts passiert.

Am Tage der Operation, als alles zu Ende war, war N. D. in einer vortrefflichen Stimmung, aber gestern ließ er wieder ganz den Mut sinken, er weinte sehr lang, sagte, daß man ihn vergebens quält, daß es für ihn besser wäre zu Hause zu sterben usw. usw. Es gelang mir ihn zu beruhigen und die Hoffnungen zu beflügeln – aber, eigentlich, bin ich selbst in eine schreckliche Melancholie verfallen. Am Abend haben wir lang und ausführlich seinen Zustand mit dem Doktor besprochen. Aus allem, was der Doktor sagt, sieht man, dass auch wenn N. D. in der Tat schließlich genesen wird, es noch nicht so bald passieren wird. Man müßte täglich die Bäder nehmen, aber die Geschwüre, Operationen und das Warten auf Heilung behindern dies bereits zwei Wochen lang und es

---

142 Kuhn, Tagebücher, S. 208
143 Kuhn, Tagebücher, S. 219
144 Kuhn, Tagebücher, S. 211
145 Aachener Kur- und Fremdenblatt Nr. 78, S. 4
146 Kuhn, Tagebücher, S. 219
147 Kuhn, Tagebücher, S. 78
148 Kuhn, Tagebücher, S. 94
149 Kuhn, Tagebücher, S. 105

wird noch sehr lange dauern bevor die Bäder wieder aufgenommen werden können. Und hier, wie absichtlich bereitet sich ein drittes Geschwür auf der linken Seite vor. Im Vergleich zu dem, wie ich N. D. in Petersburg gesehen habe, sieht er dennoch besser, frischer aus. Aber die Magerkeit ist schrecklich; mir scheint es, daß er in den letzten Tagen noch mehr abgenommen hat; ihn anzusehen ist manchmal fürchterlich. Gestern, als er wie ein Kind weinte, sah er so elend, kindlich – hilflos aus, da es mir schwer fiel mich ruhig zu verhalten und die Szene der Verwunderung abzuspielen, weshalb er wegen wahrer Kleinigkeiten mißmutig werde. Die Reizbarkeit wurde nach der Operation geringer. Das Opfer seines oft grundlosen Jähzornes war in der letzten Zeit der Deutsche namens Pik, ein sehr guter und fleißiger Mensch, der bei ihm als barmherziger Bruder angestellt ist. Es gab solche Szenen, daß ich dachte – Pik könnte, endlich verärgert, jeden Augenblick Frechheiten aussprechen. Gott sei Dank, ist jetzt alles vorbei und N. D. ist zu ihm wieder sehr freundlich geworden. ..."[150]

Der arme Pick hatte viel zu ertragen. „Ich [Tschaikowsky, Anm. d. V.] saß an seinem [Kondratjew, Anm. d. V.] Bett und er erzählte mir was für ein böser und undankbarer Mensch Pik ist ... und wie sich nachts zwischen ihnen ein Streit ereignete. Mit diesem Pik streitet er sich jetzt ständig, oder besser gesagt, N. D. hat ihn als das Objekt gewählt, an welchem er seine Unzufriedenheit und seinen Zorn ausläßt. Dieses Mal war der Streit groß. N. D. ist außerordentlich ungerecht zu Pik, und was er auch tut – er ist immer unzufrieden mit ihm. Ich schlug ihm vor einen anderen anzustellen, aber N. D. will nicht und sagt, daß er sich an ihn gewöhnt hat. Die Verfolgung von Pik ist, im Grunde genommen, eine Erscheinung seiner Krankheit; es ist für ihn notwendig sich über jemanden zu ärgern; ..."[151] Der von Kondratjew so ungebührlich behandelte Josef Pick, war von Beruf Krankenwärter und wohnte in der Kleinkölnstrasse 18.[152]

Pick war nicht der Einzige der Kondratjews Launen ertragen mußte. „Unter anderem ereignete sich eine komische Episode. Hubert (ein symphatischer Badediener) betastete seine Beine und sagte, daß es keinen Schweiß gibt, während Sascha vorher sagte, daß es ein wenig Schweiß gibt. Man mußte sehen, wie der arme N. D. böse geworden ist, spuckte, befahl ihm zu gehen und sagte, daß er Unglück bringt usw. Als er weggegangen ist, sagte mir N.D., daß er ihm immer unsymphatisch war, daß er dumm und unerträglich ist (aber eigentlich ist Hubert ihm sehr symphatisch), daß nur Sascha allein ihm Glück bringt usw. usw. In einer Viertelstunde kam Hubert, wie gewöhnlich, wieder, um die Beine abzutasten, und um den Fehler wieder gut zu machen, dieses Mal übertrieb er die Menge des Schweißes. Völliger Wechsel der Reaktionen. N. D. liebkoste Hubert und, wie tags zuvor, kam er in die angenehmste Gemütsverfassung. Alles schien ihm lieb und idyllisch schön zu sein. Der Arme!"[153]

Tschaikowskys Hinweis, daß es bei Pick um einen Deutschen handelte, mag nicht zufällig sein. Im Brief an Nadeshda von Meck schien er grundsätzlich an Deutschen wenig Gefallen zu finden: „... Ich mag die Deutschen nicht, und zwar sehr, und alles deutsche ist mir irgendwie gegen den Strich, obwohl man erkennen muß, daß die Lebensbedingungen hier sehr komfortabel und bequem sind."[154] Auf Unverständnis stieß bei dem Komponisten – ein starker Raucher – die folgende Situation: „... Ich im [Zug-,

---

150 Brief Nr. 3298
151 Brief Nr. 3302
152 Adreßbuch 1887, S. 221
153 Brief Nr. 3307
154 Brief Nr. 3303

Anm. d.V.] Abteil mit einem Deutschen. Rauchen verboten! Ein kurioser Umstand. Meine Wut."[155] Vermutlich war seine reservierte Haltung gegenüber den Deutschen auch im Lichte seiner Unzufriedenheit mit seiner Umgebung und den täglich auf ihn einwirkenden Erlebnissen einzuordnen. Er weilte vor seinem Aufenthalt in Aachen schon viele Male in Deutschland und fühlte sich dann durchaus wohl.

Die Hoffnungen von Kondratjew ruhten auf dem „Pract. Arzt Dr. Ludwig Schuster, Aureliusstrasse 10. (Sprechstunden von 8-9 Vorm. und 4-6 Nachm. Sonntags nur von 8-9 Morgens) Tel. Nr. 84."[156] Er dürfte eine gute Wahl gewesen sein; Schuster veröffentlichte beispielsweise 1876 einen Aufsatz zum Thema: „Die Aachener Thermen. Verhaltensregeln bei ihrem Gebrauche nebst Besprechung ihrer Wirkungen, sowie die der Burtscheider Thermen."[157] Dr. Schuster verstand es zunächst sehr feinfühlig Patient und Freund für sich einzunehmen: „Wir spielten Ramsch und der Doktor nahm am Spiel teil. Dieser Doktor Schuster ist einer der liebenswürdigsten Juden, die ich kenne. Die Teilnahme, die Zärtlichkeit, mit welcher er sich gegenüber dem Kranken benimmt, gefällt mir ungeheuer."[158] Allerdings gab es auch skeptische Stimmen zu Dr. Schuster: „Mein Gespräch mit ... Sie enthüllte mir, wer Schuster eigentlich ist. Ein Widerling nämlich ... und weiter nichts, obwohl er als Arzt durchaus etwas kann."[159]

Hinsichtlich der Ursache von Kondratjews Aufenthalt in Aachen äußerte sich Tschaikowsky unterschiedlich. Gegenüber Nikolai Hubert meinte der Komponist: „... Die Sache ist die, die Petersburger Ärzte errieten erst nach vier Monaten nach dem Ausbruch der Krankheit, daß ihr die Syphilis zugrunde liegt. Eichwald [vermutlich der behandelnde Arzt in Petersburg, Anm. d.V.] strebte in der energischsten Weise danach, daß Kondratjew wenn auch nur als Halbtoter, nach Aachen gebracht wird."[160] Während er im Brief an Frau Spashinskaja meinte: „... Er ist völlig unbeweglich (er hat Wassersucht), schwach bis zum Zusammenbrechen, ..."[161] Gegenüber seinem Verleger Jürgenson sprach Tschaikowsky davon, daß „die Grundlage seiner Krankheit die Syphilis ist."[162]

Seit vielen Jahrhunderten wußten Menschen die Aachener Thermalquellen zu schätzen und versprachen sich Linderung ihrer Leiden. Bis in die Römerzeit lag die Umgebung der zahlreichen heißen Quellen in dichtem Waldgelände, die eher einer wilden Sumpflandschaft ähnelte als sauberen Badebecken.[163] Beim Neubau eines Badehauses entdeckte man Fundamente eines großen Badegebäudes, das von der 6. Römischen Legion, ca. in den Jahren 69 bis 120 n. Chr. erbaut wurde.[164] Jahrhunderte später verbringt der Karolinger Pipin 765/66 eine längere Kurzeit in Aachen. Karl der Große erholte sich von seinen Feldzügen durch den Gebrauch der heißen Mineralwässer. Im 15. Jahrhundert wurde Sittenlosigkeit und Ausschweifungen aller Art in Bädern beklagt. Anstoß soll vor allem das gemeinsame Baden beider Geschlechter gegeben haben, mit der Folge, daß im 15. Jahrhundert eine Trennung – die allerdings erst im 17. und 18. Jahrhundert umgesetzt – vorgeschrieben wurde.

---

155 Kuhn, Tagebücher, S. 181
156 Adreßbuch 1887, S. 258
157 Lersch, 1881, S. 115
158 Brief Nr. 3301
159 Kuhn, Tagebücher, S. 216
160 Brief Nr. 3290
161 Brief Nr. 3295
162 Brief Nr. 3305
163 Vgl. Wehsarg, S. 8f.
164 Vgl. Lersch, 1885, S. 73

Ansichtskarte von Aachen, Elisenbrunnen; ca. 1903

Die Bedeutung der Bäder als Wirtschaftsfaktor Aachens trat im Hinblick auf das Aufblühen von Handel und Industrie in den Hintergrund, bis 1656 ein riesiger Stadtbrand 9/10 der Häuser der Stadt zerstörten und die Bürger sich auf die Vorzüge seiner Thermalwässer besannen. Es wurde neu gebaut und ein geordneter Kurbetrieb sowie ärztliche Behandlungsmethoden entwickelt. Es wurden erstmals primitive Duschen eingeführt. Die kranken Patienten hielten ihre kranken Glieder unter Röhren, aus denen heißes Wasser unter schwachem Druck floß. Prominenz verlieh dem Kurort zusätzliche Attraktivität. Georg Friedrich Händel unterzog sich 1737 wegen Lähmung vom rechten Arm einer Badekur in Aachen. Die Badegäste hatten allerdings nicht immer nur ihre Gesundheit im Blickwinkel. Auf einer an der Wand entlang führenden Bank erschien der Badewirt nicht nur zum Einsammeln der Badegelder, sondern auch gegebenenfalls mit einer langen Peitsche, um die Ordnung unter den Badenden aufrechtzuerhalten.

Einen unerwarteten Bedeutungsschub erhält das Badewesen durch das Gewerbe der Glasherstellung in Aachen und Umgebung. Die Berührung der Glasbläser mit Blei und damit Aufnahme des Schwermetalls, führte zwangsläufig zu schwersten Erkrankungen. Man stellte im Laufe der Jahre fest, daß durch das Aachener Thermalwasser eine Neutralisierung der Vergiftungssubstanzen zu erreichen ist. Ursache für das Ansteigen der Zahl der Badegäste bis ins letzte Jahrzehnt vom 18. Jahrhundert, war nicht zuletzt die Anziehungskraft einer städtischen Spielbank. Die Bedeutung Aachens von einem Spitzenplatz unter den Heilbädern wurde zunehmend gefährdet. Neue Kurorte bildeten Konkurrenz und gewannen an Beliebtheit. Die anerkannten Erfolge der sog. ‚Aachener Schmierkur' bewirkten einen Ausgleich für die abnehmende Anzahl an Kurgästen. Lueskranke, die es sich finanziell leisten konnten, unterzogen sich in etwa 2-3

Jahren 3-5 Schmierkuren.[165] „Lueskranke gab es damals wie Sand am Meer, in allen Volksschichten, gelegentlich ja auch ohne eigenes Verschulden oder ohne Wissen des Partners und in allen Stadien. Eine Ausheilung, selbst der erst im zweiten Stadium stehenden Kranken, war so gut wie nie zu erreichen. ... So unterzogen sich die Patienten, wenn möglich, erneut einer weiteren Badekurserie dort, wo ihnen augenscheinlich schon einmal geholfen worden war, nämlich in Bad Aachen."[166]

„Die Thermen Aachens kommen in der Mitte der Stadt zum Vorschein; die einen auf dem Hof und dem Büchel (es sind die sog. oberen Thermen), die anderen (nämlich die unteren) auf der Comphausbadstrasse. Von diesen zwei Quellgruppen besteht jede aus zahlreichen Adern, von denen aber nicht alle benannt, viele sogar unterdrückt sind. In der oberen Quellgruppe ist die mächtigste die Kaiserquelle, im Gebäude des Kaiserbades; sie ist 44 Grad R. oder 55 Grad C. warm und so wasserreich, dass nicht allein die Bäder des genannten Bades, sondern auch das Bad zur Königin von Ungarn und das Neubad davon versorgt werden. (Im Neubade wird ausserdem eine auf dem Büchel liegende Quelle zur Douche benutzt). Auch das Thermal-Wasser, welches am Elisenbrunnen und im Elisengarten fliesst, ist von der Kaiserquelle unterirdisch abgeleitet. Es ist hier etwa zwei Grad weniger warm als an der Quelle. Zu derselben Quellgruppe gehört auch die fast 40 Grad R. oder 50 Grad C. warme Quirinusquelle, welche mit zwei wasserreichen Nebenquellen die Bäder des Quirinusbades füllt. – In der untern Quellgruppe ist die Rosenquelle die ergiebigste, welche überhaupt die wasserreichste von allen Aachener Thermen ist und aus dem Zusammenflusse zahlreicher Adern entsteht, die in einem grossen unterirdischen Reservoir entspringen."[167]

Modisch gekleidete Kurgäste

Meine Anzüge sind derart abgetragen und so unansehnlich geworden, und hier gibt es so viele modisch gekleidete Engländer und Franzosen.

Passanten denen Tschaikowsky in Aachen begegnete, würden vermutlich den siebenundvierzig Jahre alten Komponisten als älter einschätzen. Hans von Bülow beschrieb ihn in einem Brief an Richard Strauss im März 1886, als „beinahe schon weißhaarig, aber voll geistiger Jugend ..."[168] Ein französischer Schriftsteller erlebte den Russen im Frühjahr 1888 so: „Ein Kopf voller Intelligenz und Charme; eine wohlgeformte Stirn, deutlich sichtbar unter seinem kurzgeschnittenen Silberhaar; die Brauen sanft über den ziemlich tiefen Wölbungen geschwungen, aus denen weit offen seine blauen Augen hervorschauen; der Mund mit sinnlichen Lippen, die der gezwirbelte Schnurrbart nicht ganz bedeckt; das Kinn und die untere Gesichtshälfte mit einem weißen, fächerförmigen Bart vollständig bedeckt ..."[169] Gustav Mahler, der Tschaikowsky 1888 erstmals in Leipzig traf, hielt folgenden Eindruck fest: „Ein älterer Herr, sehr liebenswürdig, mit eleganten Umgangsformen, der recht wohlhabend zu sein scheint ..."[170] Die englische Komponistin Ethel Smyth traf den Komponisten ebenfalls 1888 in Leipzig und wußte

---

165 Vgl. Wehsarg, S. 19ff.
166 Wehsarg, S. 33
167 Lersch, 1881, S. 105
168 musik konkret 7, S. 135
169 Brown, David, Im Spiegel seiner Zeit, S. 101
170 Brown, David, Im Spiegel seiner Zeit, S. 205

Ansichtskarte von Aachen, Elisengarten; o.D.

von ähnlichen Eindrücken zu berichten: „An die ungehobelten, fast schon groben Umgangsformen gewohnt, die viele der deutschen Komponisten als Teil ihrer Selbstdarstellung und als Zeichen ihres Genies an den Tag legten, war es mir eine Erleichterung, in diesem Russen, der bei aller Rohheit seiner Diamanten ein Meister seines Feldes war, einen geschliffenen, gebildeten Gentleman und Mann von Welt zu finden."[171]

Schon nach ersten Spaziergängen in Aachen stellte Tschaikowsky vermutlich fest, daß die Stadt Kurgäste aus vielen Ländern beherbergte. Vom 1. Januar 1887 bis 21. Juli 1887 wurden 15.625 „Fremde" registriert. Unter den am 21. Juli 1887 in Aachen weilenden Fremden befanden sich nur wenige Russen. Im ‚Neubad' in dem Tschaikowsky wohnte, hielten sich Gäste aus den verschiedensten Ländern auf: Engländer, Schweden, Franzosen, Holländer und Russen. Bei den aus England kommenden Gästen der Stadt, war das „Nuellens Hotel, Friedr. Wilh. Platz 5 -6" bevorzugte Unterkunft.[172]

Das internationale Publikum verlieh Aachen auch Glanz in der Welt der Mode. Tschaikowsky registrierte: „... hier gibt es so viele modisch gekleidete Engländer und Franzosen ..."[173] Auch der Komponist legte großen Wert auf sein äußeres Erscheinungsbild. Der ungarische Geiger Leopold Auer bescheinigte Tschaikowsky „Persönlichkeit und Umgangsformen eines französischen Marquis aus dem 18. Jahrhundert, dabei jedoch äußerst zurückhaltend, mit einer Zurückhaltung, die aber nicht als Pose fehlgedeutet werden kann."[174] Dieses Persönlichkeitsbild hatte schon alleine dadurch eine gewisse Berechtigung, weil Tschaikowsky es liebte seine Kleidung in Paris zu kaufen; auch

---

171 Brown, David, Im Spiegel seiner Zeit, S. 211
172 Aachener Kur- und Fremdenblatt Nr. 69, S. 1ff.
173 Brief Nr. 3287
174 Brown, David, Im Spiegel seiner Zeit, S. 203

Werbeanzeige im Aachener Adreßbuch 1887

mochte er französisches Parfum. Seine eigenen Anzüge empfand der Komponist im Vergleich zum modischen Auftreten anderer Kurgäste in Aachen als „abgetragen und unansehnlich."[175] Am 16. Juli 1887 (28.7.1887) entschied er sich zwei neue Anzüge anfertigen zu lassen. Möglicherweise war ihm während der Reise „das eine als auch das andere"[176] Hemd abhanden gekommen; auch damit deckte er sich neu ein und kaufte 6 Hemden. Scheinbar verlief der Kauf der Hemden nicht völlig glatt; im Tagebuch hielt Tschaikowsky am 27. Juli 1887 (8.8.1887) fest: „Hemden. ... Umstände mit dem neuen Hemd."[177]

Für die Anfertigung von Anzügen konnte Tschaikowsky beispielsweise das „Tuch- und Confectionsgeschäft für Herren-Kleider und Damen-Mäntel, Carl Appelrath", in der Krämerstr. 28-34 aufsuchen.[178] Das Geschäft warb mit „Elegante Anfertigung nach Maass. Deutsche, franz. und engl. Nouveautés" und versprach „Streng feste, billigste Preise."[179] Alternativ bot sich das „Herren-Mode-Magazin von Gottfried Struch", in der Comphausbadstr. 14 an.[180] Ein „großes Lager in den neuesten deutschen, franz. und engl. Stoffen" und ein „Atelier für Anfertigung nach Maass", wurde potenziellen Kunden offeriert.[181] Für den Kauf von Hemden kam „M. Hackelberg, Specialität in Herren-Artikel, Damengraben 6" in Frage.[182] Das Haus

---

175   Brief Nr. 3287
176   Brief Nr. 3313
177   Kuhn, Tagebücher, S. 210
178   Adreßbuch 1887, S. 41
179   Adreßbuch 1887, S. 1
180   Adreßbuch 1887, S. 272
181   Adreßbuch 1887, S. 12
182   Adreßbuch 1887, S. 119

verfügte über ein „Bestassortirtes Lager in Hemden, Unterzeugen aller Art, Kragen, Manchetten, Cravattes, Taschentüchern, Socken etc. in nur soliden Qualitäten."[183]

Mozartiana
Die Musik von ‚Don Juan' war die erste die mich erschütterte.

Das sich weitgehend in festen Bahnen vollziehende Tagesprogramm und die Sorgen um den kranken Freund ließen Tschaikowsky wenig Freiheit für Erholung und Muse für künstlerisches Schaffen. „Ich werde hier kaum arbeiten können. Obwohl, man wird es sehen", schrieb er im ersten Brief aus Aachen an seinen Bruder Modest.[184] Trotzdem gelang es ihm die spärliche zur Verfügung stehende Zeit produktiv zu nutzen. „Ich mache hier rein gar nichts, abgesehen von der Instrumentierung der Mozart'schen Suite, worüber ich Ihnen, wie es mir scheint, schrieb. Ich beende sie allmählich",[185] schrieb er an Ippolitow Iwanow. Am gleichen Tag klagte er gegenüber Tanejew [russischer Komponist und Pianist, Anm. d. V.]: „Ich habe während des ganzen Sommers nichts gemacht, wenn man die Mozart'sche Suite, die ich endlich instrumentiert habe, nicht mitrechnet (es bleibt nur noch wenig zu tun). Es hat keinen Zweck hier über Arbeit nachzudenken."[186]

Einen Eindruck unter welch schwierigen Bedingungen Tschaikowsky arbeitete, vermittelt der Brief an Modest: „Um 12 Uhr ging er in das Gastzimmer hinaus und legte sich auf sein kleines Sofa (aus Stroh, damit es nicht heiß wird). Das Hinlegen [von Kondratjew, Anm. d. V.] auf das Sofa ist eine ganze Geschichte. Wenn er niedersinkt, muß man ihn von beiden Seiten unter den Armen halten; wenn er sich setzt, muß man seine Beine nehmen, und, während man sie hochhebt, werden sie parallel zum Sofa gedreht, wobei auch der ganze Körper sich dreht. Dann werden die Beine hingelegt, und unter den Kopf, Rücken und Seiten wird ein ganzes System von Kissen gelegt. Bis um eins saß ich neben ihm und las (manchmal beende ich in dieser Zeit die Instrumentierung der Mozart'schen Suite)."[187] In einem anderen Brief heißt es: „... Wir haben etwas geredet, danach schlummerte er ein und schlief lange. Währenddessen arbeitete ich."[188]

Der Gedanke an eine „Suite nach Mozart" ist erstmals am 17. Mai 1884 im Tagebuch des Komponisten nachgewiesen.[189] Im Februar 1886 verfolgte er den Gedanken weiter: „Nach dem Abendessen wieder mit der Auswahl von Mozartstücken für die Suite herumgequält; bis 11.30 Uhr die Stücke durchgespielt."[190] Am 17. Juni 1887 schließlich heißt es schon: „Nach dem Mittagessen die Instrumentierung der Mozart-Variationen begonnen."[191] Die Tagebucheintragung am 23. Juli 1887 verweist auf noch ausstehende Restarbeiten: „Zu Hause dann bei N. D. gesessen und versucht, das Menuett [aus der Suite, Anm. d. V.] zu Ende zu bringen."[192]

---

183 Adreßbuch 1887, S. 39
184 Brief Nr. 3287
185 Brief Nr. 3293
186 Brief Nr. 3294
187 Brief Nr. 3301
188 Brief Nr. 3302
189 Kuhn, Tagebücher, S. 23
190 Kuhn, Tagebücher, S. 37
191 Kuhn, Tagebücher, S. 196
192 Kuhn, Tagebücher, S. 208

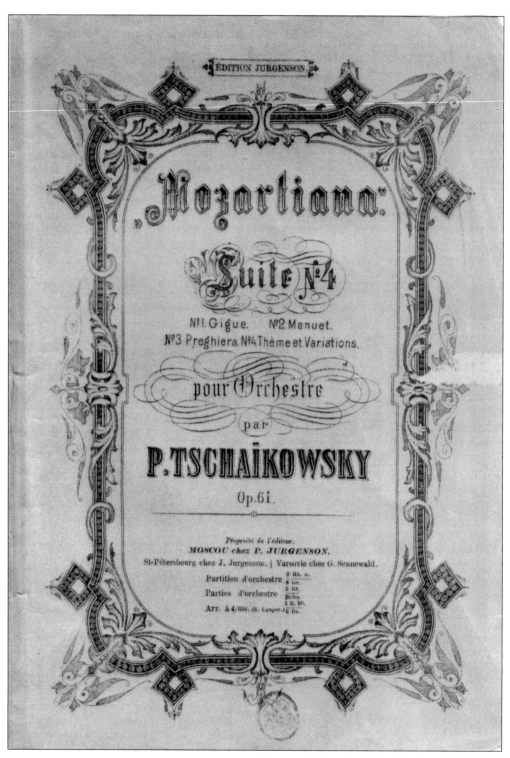

Mozartiana (Tschaikowskymuseum, Klin)

Am 28. Juli 1887 (9.8.1887) war die „Mozartiana" abgeschlossen. Am darauf folgenden Tag schrieb er an seinen Freund und Verleger Jürgenson: „Ich sende dir heute mit eingeschriebener Banderole die Mozart'sche Suite. Ihr Titel ist wie folgt: Mozartiana Suite, 4 Stücke von W. A. Mozart, instrumentiert von P. Tschaikowsky. Da ich an der Instrumentierung manche harmonische Einzelheiten ergänzte, finde ich die Herausgabe dieser Suite in Form des Klavierauszuges zu vier Händen durchaus möglich. ... Natürlich würde ich mir wünschen, daß die Suite in der nächsten Saison aufgeführt werden könnte."[193]

Hinsichtlich des Namens der Suite äußerte er sich am 24. Juni 1887 (6.7.1887) gegenüber dem Verleger: „... Ich weiß nur nicht, wie ich sie nennen soll. Man müßte ein neues Wort aus ‚Mozart' bilden, denn – sollte die Suite Erfolg haben – werde ich später noch eine zweite und gar eine dritte machen. ‚Mozartiana' gefällt mir nicht: erinnert so an ‚Kreisleriana' u.s.w."[194] Ein anderer berühmter Komponist hatte mit der ‚Kreisleriana' ein ähnliches Problem mit der Namensgebung, wie er mit der ‚Mozartiana'. Schumann begann mit der ‚Kreisleriana', seinem wohl faszinierendsten Klavierwerk, im März 1838; er beendete sie am 8. Mai. Schumann schrieb: „... Das Stück ‚Kreisleriana' liebe ich am meisten von diesen Sachen. Der Titel ist nur von Deutschen zu verstehen. Kreisler ist eine von E.T.A. Hoffmann geschaffene Figur, ein excentrischer, wilder, geistreicher Capellmeister. Es wird Ihnen manches an ihm gefallen. Die Ueberschriften zu all meinen Compositionen kommen mir immer erst, nachdem ich schon mit der Composition fertig bin."[195]

Ob Tschaikowsky bei seinem Hinweis auf die ‚Kreisleriana' auch an den vom ihm nicht geschätzten, ja teilweise von ihm gefürchteten und verachteten Johannes Brahms dachte, der Zuflucht und Rückhalt in Hoffmanns Figur fand, bleibt dahingestellt.[196]

Im Vorwort zur Partitur erklärt Tschaikowsky seine Absicht die er mit dem Stück verfolgte: „Eine große Zahl der schönsten kleineren Stücke Mozarts ist aus unerklärlichen Gründen nicht nur dem Publikum wenig bekannt, sondern auch vielen Musikern. Der Verfasser des Arrangements der vorliegenden Suite wünscht damit eine neue Anregung zur Aufführung jener in ihrer Form bescheidenen, aber von unerreichbarer Schönheit erfüllten kleinen Meisterwerke zu geben."[197]

Möglicherweise erlaubte die Vertiefung in die Arbeiten an der Mozartiana, Tschaikowsky ein Grad der Entspannung und Loslösen von den deprimierenden Tagesereignissen in Aachen. „Wissen Sie [N. v. Meck, Anm. d.V.], daß ich mich jünger und munterer, beinah als Jüngling fühle, wenn ich Mozart spiele!"[198] Die Komposition spiegelte auch seine große Verehrung für Mozart wieder, die er beispielsweise in einem Brief an Nadeshda von Meck bekannte: „Ich liebe ihn [Mozart, Anm. d.V.] nicht nur, ich vergöttere ihn geradezu. Für mich ist der ‚Don Juan' die herrlichste Oper, die es gibt. ... Den ‚Don Juan' liebe ich so, daß ich jetzt, in diesem Augenblick, da ich darüber schreibe, vor Erregung und Rührung weinen möchte. Ich bin gar nicht imstande, ruhig darüber zu sprechen. ... Mozarts Kammermusik bezaubert wiederum durch die Reinheit und Anmut der Form sowie durch die erstaunliche, seltene Schönheit der Stimmführung ...

---

193   Brief Nr. 3305
194   Tschaikowsky, Bd. 2, S. 414
195   Burger, Ernst, S. 162
196   Gärtner, Heinz, S. 34 und Brown, David, Im Spiegel seiner Zeit, S. 158f., 211
197   Baer/Pezold, S. 504
198   Baer/Pezold, S. 340

Ich könnte unendlich von diesem lichten Genius erzählen, mit dem ich geradezu einen Kult treibe."[199]

Die Quelle für Tschaikowskys Schwärmen für Mozart ist in der Kindheit des Russen zu finden. Der kleine Peter wohnte mit seinen Eltern und Geschwistern in dem im westlichen Ausläufer des Ural gelegenen Ort Wotkinsk. Das malerisch gelegene Anwesen, Haupthaus mit Nebenhäusern und einem großen Garten, befand sich am Rande des Ortes, nur wenige Meter von einem See entfernt. Vater Iljitsch hatte eine führende Stellung in der nur wenige hundert Meter vom Haus entfernten Ankerfabrik. Die Familie spielte eine gesellschaftlich herausgehobene Rolle, gab Empfänge und konnte sich finanziell großzügige Gastfreundschaft und eine Schar von Diener und Dienerinnen leisten. Im Jahre 1844, als Tschaikowsky 4 Jahre alt war, übernahm die Gouvernante Fanny Dürbach die Erziehung der Kinder der Familie. Der kleine Junge spürte eine große Zuneigung zu der jungen Französin. Fanny Dürbach merkte, daß die Musik auf den kleinen Peter eine sehr starke Wirkung ausübte: „Eines Abends war bei Tschaikowskys großer Besuch und es wurde sehr viel musiziert. Es war gerade Feiertag und die Kinder durften mit den Grossen sein. Anfangs war Peter Iljitsch sehr lustig, gegen Ende des Abends wurde er aber so müde, dass er sich früher als sonst zurück zog. Als Fanny einige Zeit darauf ins Kinderzimmer kam, schlief er noch nicht, sondern saß ganz aufgeregt mit fieberhaft glänzenden Augen und weinte. Sie fragte bestürzt, was ihm fehle, da antwortete er: ‚O, diese Musik, diese Musik! Erlösen sie mich von ihr! Sie sitzt hier – hier in meinem Kopf! Sie läßt mir keine Ruhe!"[200] Für die Liebe zu Mozart mag ein Orchestrion den Weg geebnet zu haben. Vater Iljitsch brachte das Gerät von einer Reise aus Petersburg mit. Peter konnte nicht oft genug seinen Klängen lauschen. Neben Werken von Bellini und Donizetti spielte es Stücke aus Don Juan. Ganz besonders entzückt war der kleine Peter von Kompositionen Mozarts. „Seine leidenschaftliche Verehrung für diesen Genius [Mozart, Anm. d. V.] datiert seit jener Zeit, seit dem unbeschreiblichen Genuß, dem ‚heiligen Entzücken', ... wenn das Orchestrion" Stücke von Mozart spielte, erinnert sich Modest in der Biographie über seinen Bruder.[201]

Am 14. November 1887 dirigierte und leitete Tschaikowsky in Moskau das Symphoniekonzert der Russischen Musikalischen Gesellschaft. Das Konzert enthielt nur Werke von ihm. Zum ersten Mal gelangte – neben anderen Stücken – auch die Mozartiana zur Aufführung. In seinem Brief an Modest vom 15. November 1887 berichtete Tschaikowsky voller Freude: „Das gestrige Abendkonzert war für mich sehr angenehm, denn das Publikum schien sehr begeistert zu sein. Mir wurden einige wertvolle Geschenke und eine grosse Menge Kränze überreicht."[202] Kurz hintereinander am 15. November in Moskau und am 12. Dezember in St. Petersburg folgten Wiederholungen ebenfalls unter dem Dirigat des Komponisten.[203]

„Die Mozartiana besteht aus drei kleinen Original-Klavierstücken Mozarts (Nr. 1, 2 und 4), während der dritte Satz auf dem „Ave verum corpus" (KV 618) in der Transkription von Franz Liszt beruht. Tschaikowsky veränderte nichts am originalen Notentext der Kompositionen, sondern instrumentierte sie lediglich auf seine brillante Weise. ... Die Musik zum ersten Satz hatte Mozart 1789 komponiert. Er stammt aus einer Reihe von

---

199 Baer/Pezold, S. 155f.
200 Tschaikowsky, Bd. 1, S. 22f.
201 Tschaikowsky, Bd. 1, S. 21
202 Tschaikowsky, Bd. 2, S. 424
203 Poznansky/Langston, Bd. 1, S. 167f.

zwölf Klavierstücken, der auch der zweite Satz entnommen ist. Tschaikowsky schätzte diese beiden Stücke ganz besonders wegen ihrer Modernität. Den dritten Satz ‚Preghiera' (Gebet), bearbeitete er als einzige nicht im Original, sondern in Liszts Transkription. Dem vierten Satz liegen die zehn Variationen auf ein Thema aus Glucks ‚Die Pilger von Mekka' ... zugrunde."[204]

Unterwegs in Aachen
Habe ein Mäuschen im Fenster eines Geschäfts beobachtet.

Zwar empfand Tschaikowsky die Stadt Aachen insgesamt als unattraktiv, lobte jedoch im Einzelfall. Hierzu gehörte das Hotel in dem die Freunde wohnten. „Meine Unterbringung ist sehr gut, zwei Stockwerke höher als die von N D..,"[205] „... Aber was das Hotel, Bedienung, Essen, Ordnung, Sauberkeit betrifft, – in dieser Beziehung ist alles ausgezeichnet."[206] „Das Hotel, in welchem ich mich befinde, ist vortrefflich. Alles was man braucht, ist vorhanden – nun, mit einem Wort, meinem Bauch und anderen Körperteilen geht es gut, denn sogar das Bett bei mir ist französisch."[207]

Mit Einschränkungen hinsichtlich des Service, schien auch das Angebot an Speisen seinen Geschmack getroffen zu haben. Das Mittagessen nahm er regelmäßig im „Monarchen" ein. Das „Hotel du Grand Monarque", lag in unmittelbarer Nähe zum „Neubad", Büchel 49-51. „Table d'hôte um 1 ½ und um 6 Uhr." Das Haus offerierte günstige „Conditionen selbst solchen Badegästen oder Touristen, welche nur über bescheidene Mittel verfügen" und verpflichtete sich auch diesen Gästen „in jeder Beziehung alle Annehmlichkeiten zu gewähren."[208] Alternativ aß Tschaikowsky „bei Klüppel".[209] Das „Wein-Restaurant Klüppel" befand sich im Holzgraben 1.[210] „Nach dem Mittagessen (welches im Table d'Hôte stattfand, aber am Einzeltisch und sehr gut war) bin ich ein wenig spazierengegangen ..."[211] In den ausführlichen Briefen an seine Verwandten, die er bewußt in Form eines Tagebuchs schrieb, geht er auch auf den mittäglichen Tagesablauf ein. „Ich ging zu Mittag essen. Zu Mittag esse ich nicht in dem Hotel, wo ich wohne [Neubad, Anm. d. V.], sondern in einem anderen des selben Besitzers [C.F. Dremel, Anm. d. V.]. Ich esse an einem einzelnen Tisch neben dem großen Speisesaal, in welchem das Publikum zu Mittag isst. Dafür wird von mir teuer kassiert. Das Mittagessen dauert fürchterlich lang, aber es ist sehr schmackhaft. Gewöhnlich gehe ich um 2 ¾ raus (die anderen sitzen noch) ..."[212] Die zum Abendessen servierte deutsche „Leberwurst" dürfte den Komponisten besonders beeindruckt haben, denn ein entsprechender Hinweis ist unter dem 8. August 1887 im Tagebuch festgehalten.[213] Weniger schmeichelhaft das Urteil zum „Beefsteak Tatar" zum Frühstück: „Reinfall".[214] Es ist anzunehmen, daß der

---

204 Harenberg, S. 881
205 Brief Nr. 3288
206 Brief Nr. 3289
207 Brief Nr. 3290
208 Lersch, 1881, o.S., Werbeanzeige
209 Kuhn, Tagebücher, S. 220
210 Adreßbuch 1887, S. 158
211 Brief Nr. 3287
212 Brief Nr. 3301
213 Kuhn, Tagebücher, S. 214
214 Kuhn, Tagebücher, S. 216

Werbeanzeige im Kleiner Führer für Aachen und Burtscheid

Schaumwein von der Mosel („Moselle mousseux") Tschaikowsky dagegen wiederholt geschmeckt hat. Sowohl der Schaumwein als auch der „Maiwein" fanden im Tagebuch Erwähnung. Die sich angesichts Kondratjews Elend bei Tschaikowsky einstellende „höllische, entsetzliche Schwermut und ein ungeduldiger, bis zu schrecklicher Verzweiflung gehender Drang, von hier abzureisen ...", erstickte der betreuende Freund ab und an mit einer kräftigen Portion Alkohol.[215] „Habe ein wenig zuviel getrunken".[216] „Habe getrunken."[217] „Habe nach der Arztvisite ... zu trinken begonnen."[218]

Bei den notwendigen Einkäufen und Besorgungen in der Innenstadt, lernte Tschaikowsky das Warenangebot kennen. Es galt für Sascha, Kondratjew und sich selbst Hüte zu kaufen. Die Firma „Geschw. Bonn, Hochstrasse 30", bot Stroh- und Filzhüte „en détail" an.[219] Am 18. Juli 1887 stand ein Besuch bei einer Bank an, um Geld abzuheben.[220] Hierfür bot die „Aachener Diskonto-Gesellschaft"[221] im „Capuzinergraben 12, gegenüber dem Theater", ihre Dienste an. Am 21. Juli 1887 mußte für Kondratjew ein Messer gekauft werden, Tschaikowsky benötigte Krawatten. „Größte Auswahl feinster garantirter Qualitäten an Solinger Messerwaren",

---

215   Kuhn, Tagebücher, S. 217
216   Kuhn, Tagebücher, S. 216
217   Kuhn, Tagebücher, S. 217
218   Kuhn, Tagebücher, S. 217
219   Adreßbuch 1887, S. 16
220   Vgl. Kuhn, Tagebücher, S. 206
221   Adreßbuch 1887, S. 15

Aachen   Panorama von der Hochstrasse aus

Ansichtskarte von Aachen, Hochstrasse; ca. 1905

waren in der Theaterstrasse 12, bei der Firma „Elkisch"[222] vorrätig. „Cravattes" bot die Firma „M. Hackelberg"[223], Damengraben 6, an. Eine Apotheke mußte aufgesucht werden; Tschaikowsky könnte die „Apotheke zum wilden Mann", Markt 43 gewählt haben.[224] Beim Kauf von Schuhen mag Tschaikowsky in die Grosskölnstr. 12 zur „Firma P. J. Schmitz" spaziert sein. Dort befand sich ein „Verkaufshaus für Schuhwaaren", die „praktischste und billigste Bezugsquelle für durchaus solide Schuhwaaren", die jedoch „nur gegen Baarzahlung verkauft werden."[225] Im Tagebuch hält er fest: „Hatte Schuhe bestellt, kaufte dann aber andere."[226] Auch für das leibliche Wohlbefinden waren Einkäufe zu erledigen. „Bin umher gelaufen und habe eine Ananas gekauft."[227] „Für N. D. eine Melone und noch etwas Eßbares gekauft und mich um seine Austern bemüht."[228] Bei dem letztgenannten Einkaufsbummel beanspruchte eine kleine Episode am Rande seine besondere Aufmerksamkeit: „Habe ein Mäuschen im Fenster eines Geschäftes beobachtet".[229]

Für Spaziergänge und Erkundungen in der Innenstadt blieb Tschaikowsky nur ein enges Zeitbudget. „Ich befinde mich fast ständig bei ihm [Kondratjew, Anm. d. V.] und nur für zwei Stunden pro Tag gönne ich mir die Freiheit, d.h. ich gehe aus dem Haus

---

222   Adreßbuch 1887, S. 8
223   Adreßbuch 1887, S. 39
224   Adreßbuch 1887, S. 479
225   Adreßbuch 1887, S. 11
226   Kuhn, Tagebücher, S. 207
227   Kuhn, Tagebücher, S. 209
228   Kuhn, Tagebücher, S. 214
229   Kuhn, Tagebücher, S. 214

Ansichtskarte von Aachen, Theaterstrasse; ca. 1901

und spaziere durch Aachen, oder in der nahegelegenen Umgebung."[230] „Den ganzen Tag sitze ich bei N. D. und werde nur in der Mittagszeit befreit. Meine Spaziergänge dürfen nicht lang sein, deshalb muß ich in der Stadt, die ungewöhnlich unsymphatisch ist, umherstreifen."[231]

Vom „Neubad" spazierte Tschaikowsky zur „Hochstrasse" wo „irgendein widerlicher Herr ihm seine Bekanntschaft aufdrängen wollte."[232] Von der Theaterstrasse ausgehend auf der rechten Seite kam der Komponist am „Grand-Hotel Fickartz, Kaiserhof. Wein-Restaurant, Bier-Restaurant I. Ranges. Delicatessen- und Weinhandlung en gros & en détail (Haus Nr. 2 und 4)", an einer „Colonial-, Material- und Südfrüchtehandlung von Caspar Giani (Haus Nr. 16)" und an „J. M. Lambertz Delicatessen-, Wein- und Liqueur-Handlung. (Haus Nr. 28)" und „Dr. Egbert Göritz, Zahnarzt, Sprechstunden 12-1, 3 ½-4 ½ Uhr (Haus Nr. 48)", vorbei.[233] Auf der linken Seite der Hochstrasse befanden sich die „Apotheke von L. J. H. König (Haus Nr. 9)", „Hotel-Restaurant Schmitz, Münchener Bierhaus. Vorzügliche Küche (Haus Nr. 17)." Tschaikowskys spazierte in der Jacobstrasse. Bei der Haus-Nr. 58 sah er das „Dominicaner-Gebäude und die Johannisküche für arme Kranke und Hülflose", zwischen der Hausnummer 48 und 50 die Kirche St. Paul. In der „Hartmannstrasse" geriet er „in ein Concert"[234]; ob dies dem Opersänger „Hartmann" (Haus Nr. 14) oder dem Musiker „Hildebrand" (Haus Nr. 9) zu verdanken war ...?

230   Brief Nr. 3295
231   Brief Nr. 3298
232   Kuhn, Tagebücher, S. 207
233   vgl. Adreßbuch 1887, S. 344
234   Kuhn, Tagebücher, S. 219

Ansichtskarte von Aachen, Aachener Wald: Waldschänke; ca. 1900

Auch Freizeitangebote der Stadt an die Bevölkerung und die Kurgäste nutzte der Komponist. Am 19. Juli – gemeinsam mit Sascha – und am 5. August 1887 besuchte er die Gewerbeausstellung und erfrischte sich am 19. Juli mit Bier und gönnte sich später „im Wiener Café (noch ein Bier)".[235] Das „Aachener Kur- und Fremdenblatt" empfahl in seinem Wochenprogramm: „Einheimische und Fremde werden auf die Gewerbe-Aus-stellung für den Reg.-Bez. Aachen aufmerksam gemacht. Ausstellungslokal: Friedrich Wilhelmplatz 2. Eintrittspreis 50 Pfg. à Person."[236]

Die „St. Folians Prozession" hat sich Tschaikowsky in „unserer Straße angesehen".[237] Die Musik im Elisengarten mußte wegen der Veranstaltung am 19. Juli 1887 (31.7.1887) „von 12 bis 1 Uhr Mittags" ausfallen.[238]

Nach dem Mittagessen und dem Genuß von „(Mosel mousseux)" genoß Tschaikows-ky die Stille des Gartens. Ursache für die Ruhe und Beschaulichkeit war das am Wo-chenende 31. Juli / 1. August 1887 stattfindende „[Pferde-, Anm.d.V.] Rennen auf der Brander Haide nachmittags um 4 Uhr".[239] „Wegen eines Pferderennens war niemand dort, und ich machte einen schönen Spaziergang."[240] Für die Interessierten war ein „Ex-trazug" vom Rheinischen Bahnhof und abends 25 Minuten nach Beendigung des Ren-nens eingesetzt. Die Preise für die an den beiden Tagen jeweils 5 ausgeschriebenen

---

235 Kuhn, Tagebücher, S. 207
236 Aachener Kur- und Fremdenblatt Nr. 78, S. 1
237 Kuhn, Tagebücher, S. 206
238 Aachener Kur- und Fremdenblatt Nr. 78, S. 1
239 Aachener Kur- und Fremdenblatt Nr. 78, S. 1
240 Kuhn, Tagebücher, S. 206f.

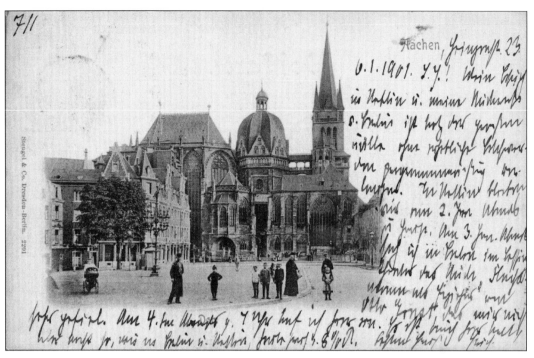

Ansichtskarte von Aachen, Dom; ca. 1901

Rennen bewegten sich zwischen 300 Mark und 1200 Mark. Die höchste Dotierung bot das 5. Rennen am zweiten Tag; hier betrug der Preis für den Gewinn des „Rheinische Steeple-Chase 1200 Mark (Preis der Stadt Aachen) und 300 Mark (vom Verein).“[241]

Der Zoologische Garten fand bei Tschaikowsky Gefallen. Bei zwei Besuchen erfreute er sich an den Tieren und vermerkte im Tagebuch: „... ging spazieren und gelangte wieder in den Zoologischen Garten. Löwenbabies mit Hund. Papageien und Affen“.[242] Allerdings dürfte die Attraktivität des Zoologischen Garten noch begrenzt gewesen sein: „Von dem im Entstehen begriffenen sog. Zoologischen Garten (zwischen Königsthor und Vaelserthor), dessen Terrain 22 Morgen gross ist, lässt sich mehr erwarten, als berichtet; jedenfalls wird es ein schöner Vereinigungspunkt, selbst im Winter, wo er Schlittschuhläufern eine grosse Eisfläche gewährt.“[243]

Nicht die Historie eines der best erhaltenen Baudenkmäler der Karolingerzeit mit kostbarere Innenausstattung, sondern seelische Stärkung mag sich Tschaikowsky von dem Besuch des Domes versprochen haben. Am Sonntag den 26. Juli und am Sonntag den 9. August 1887 nahm Tschaikowsky an der Messe im Dom teil. Die Eindrücke waren unterschiedlich. 26. Juli 1887: „Ich war zur Messe im Dom. Der katholische Gottesdienst gefällt mir nicht.“[244] 9. August 1887: „War zur Messe in der Kathedrale, wo irgend etwas gesungen wurde. Es klang nach Palestrina und war sehr gut.“[245] Die bewunderte

---

241 Aachener Kur- und Fremdenblatt Nr. 78, S. 1 und S. 9
242 Kuhn, Tagebücher, S. 207
243 Lersch, 1885, S. 86
244 Kuhn, Tagebücher, S. 209
245 Kuhn, Tagebücher, S. 214

Qualität des Chores steht in der Tradition eines bereits am Hofe Karls des Großen ge-
pflegten kirchlichen Gesangs. An der Hofschule in Aachen wurden auf Anordnung des
Kaisers Sänger unterrichtet. Mit der Aufhebung des Choraleninstituts des ehemaligen
Krönungsstiftes um 1800 und den in Folge, nur noch bescheidenen finanziellen Mitteln,
konnte das hohe Niveau nicht gehalten werden. Seit 1880, im Zuge des Aufschwungs
des Chorgesangs, wurde die Chorarbeit wieder intensiviert und mag mit der inzwischen
erzielten Qualität den russischen Komponisten beeindruckt haben.[246]

Freundschaft und mehr
Ich habe Davos in dem Bewußtsein erfüllter Freundespflicht verlassen.

Seit der Ankunft Tschaikowskys in Aachen am 15. Juli 1887 bildet eine ausführliche
Korrespondenz die Nabelschnur zu Freunden und Verwandten in der Heimat. In Briefen
und im Tagebuch verarbeitete er die grausamen Erlebnisse mit Kondratjew. Der sensib-
le Komponist hält bis in die Einzelheiten das Unvermeidbare schriftlich fest. Im Brief an
Modest vom 30. Juli 1887: „... Meiner Meinung nach ... geht es N. D. sehr, sehr schlecht.
Der Doktor will es nicht eingestehen, aber an allem sieht man, dass er selbst verzweifelt
ist. Er ist verwirrt, widerspricht sich selbst auf Schritt und Tritt, erlaubt heute das, was er
tags zuvor entschieden nicht gestattet hatte; er wirft sich hin und her von einem Mittel
zum anderen; setzt die Bäder fort, obwohl er tags zuvor fand, daß es unmöglich sei
sie fortzusetzen, will das dritte Geschwür herausschneiden, während er gestern sagte,
dass dies überflüssig ist usw. usw.

Während dieser zwei Wochen ist N. D. furchtbar schwach geworden. Dieser Zustand
der Belebung, in welchem ich ihn vorfand, – ist schon lange zu Ende. Die Veränderung
zum schlechten ist riesig. Gott! Wenn er wirklich sterben muß, warum leidet er so lang!
Seine Leiden sind unerträglich und ich bewundere seine erstaunliche Ausdauer. Er ist
voll der riesigen Wunden, mit einem wie ein Stein schweren Bauch, mit dem kurzen
Atem, mit Hodensack, der mit kleinen Wunden bedeckt ist, mit unzähligen Stichen der
Merkurspritzen mit der unglaublichen Schwäche, mit den unbeweglichen harten Balken
anstatt von Beinen – er ist ein wahrer Leidender."[247]

Ein Tag später heißt es in einem anderen Brief: „... Heute wurde er operiert (zum
dritten Mal). Er hat sich so an das Leiden gewöhnt, dass solche Sachen wie Raus-
schneiden eines riesigen Geschwürs für ihn jetzt eher eine angenehme Unterhaltung
und Ablenkung sind, denn auf diese Operation ist seine jetzige Hoffnung gegründet,
welche, wie auch alle anderen, vielleicht nicht erfüllt werden dürfte. Die Operation verlief glücklich. In dieser Minute, während ich diesen Brief schreibe, ist N. D. so fröhlich
und zufrieden, dass er sogar singt. Aber angesichts dieser Fröhlichkeit bin ich traurig,
denn ich weiß aus Erfahrung, dass sie nicht von Dauer ist. Wie dem auch sei, aber es
ist gut, dass die Operation gemacht wurde; das war nicht zu vermeiden, und dennoch
kann man in sie Hoffnung legen. Der gestrige Tag war der schrecklichste von allen, die
ich hier durchlebt habe. Es tat am meisten weh, als ich bemerkte, dass der Doktor völlig
fassungslos wurde und anfing, während er ihn tröstete, derart konfus zu werden und
sich selbst zu widersprechen, dass es mir schien, dass er jegliche Hoffnung verloren

---

246   vgl. Pohl, Rudolf, S. 3-18 (abgedruckt in www.aachener-domchor.de)
247   Brief Nr. 3307

Ansichtskarte von Bad Soden am Taunus; ca. 1898

hat. ... Möge Gott geben, daß meine Ängste und Vorahnungen falsch wären; aber ich habe die Hoffnung auf die Genesung von N. D. fast verloren."[248]

Mit der Ankunft in Aachen, fast auf den Tag genau vor 17 Jahren – am 16. Juli 1870 –, endete für Tschaikowsky die Betreuung von einem anderen kranken Freund. Am 30. Mai 1870 (11.6.1870) treffen Tschaikowsky und sein Freund Wladimir Schilowski in Soden am Taunus ein. Der Freund litt an Tuberkulose und bat Tschaikowsky ihm bei seiner Kur beizustehen. Allerdings sah es bei Schilowski gesundheitlich weit weniger schlecht aus als bei Kondratjew. Bevor Tschaikowsky gemeinsam mit Schilowski die Reise nach Soden antrat, fuhr er nach Paris um seinen Freund dort abzuholen. Zu Tschaikowskys Überraschung und Freude traf er den Freund in einem weniger kritischen Zustand an als befürchtet. An seinen Bruder schrieb er mit Erleichterung: „Obgleich er sehr schwach ist, hatte ich Schlimmeres erwartet."[249] Ähnlich schrieb er an seinen Vater: „... ich fand ihn weniger krank als ich erwartet hatte; aber man muß zugeben, daß seine Gesundheit sehr zerrüttet ist und daß er sich ernstlich kurieren muß."[250]

Die Freunde genossen trotz des unerfreulichen Anlasses, die Wochen im beschaulichen Kurort. Die Wälder des Taunus und die Burgruine Königstein fanden seine höchste Bewunderung. Ein Ausflug zum Mittelrheinischen Musikfest nach Mannheim, ein Treffen mit dem befreundeten Pianisten Nikolai Rubinstein in Wiesbaden, waren willkommene Abwechslungen vom Kuralltag. Er wanderte zu einem beliebten Ausflugsziel, den ‚Drei Linden', in dem nahe gelegenen Dorf Neuenhain, saß unter den schattigen

---

248   Brief Nr. 3308
249   Brief Nr. 195
250   Brief Nr. 197

Bäumen und arbeitete an seiner Ouverture ‚Romeo und Julia'.

Ein weiterer Freund – mit dem Tschaikowsky ein enges Verhältnis verband – erfuhr finanzielle und seelische Hilfe in letzter Lebensphase. In den siebziger Jahren befand sich unter den Konservatoriumsschülern der Theorieklasse Tschaikowskys der Geiger Jossif Jossifowitsch Kotek. Tschaikowsky lehrte im Musikkonservatorium in Moskau von 1866 bis 1878. Kotek wurde bei der Abschlußprüfung im späten Frühjahr 1876 für seine Leistungen eine Medaille zuerkannt.[251] Bruder Modest beschreibt Kotek, als „junger Mann von angenehmen Äusseren, trotz der unregelmässigen Gesichtszüge, – dazu sehr gutherzig, begeisterungsfähig, sehr musikalisch und noch mehr virtuos begabt. Durch sein symphatisches Wesen, noch mehr aber durch seine talentvollen Arbeiten lenkte er die Aufmerksamkeit Peter Iljitsch's auf sich und wurde bald der Liebling seines Lehrers. Nicht wenig dazu beigetragen hat auch die

Wladimir Schilowski (Tschaikowskymuseum, Klin)

Begeisterung des jungen Mannes für die Werke Peter Iljitsch's und die persönliche Anhänglichkeit an seinen Lehrer. So entwickelten sich allmählich zwischen Meister und Schüler freundschaftliche Beziehungen, welche auch ausserhalb der Wände des

Ansichtskarte von Bad Soden am Taunus, Kurhaus; ca. 1898

251 Vgl. Weinstock, S. 163

Jossif Jossifowitsch Kotek
(Tschaikowskymuseum, Klin)

Konservatoriums unterhalten wurde. Kotek war arm und mußte nach Absolvierung des Konservatoriums – ehe er ans Konzertieren ging – seinen Unterhalt durch Stundengeben verdienen."[252]

Nach dem Examen suchte Kotek verzweifelt eine Stellung um sich seinen Lebensunterhalt zu verdienen. In späteren Jahren eroberte er als vollendeter Geiger Westeuropa. Nikolai Rubinstein, Direktor des Konservatoriums in Moskau, vermittelte den jungen Geiger an Frau von Meck, die reiche Witwe eines Eisenbahningenieurs und leidenschaftliche Musikliebhaberin. Kotek, ein begeisterter Verehrer seines Professors, knüpfte zwischen Frau von Meck und Tschaikowsky Ende 1876 eine Verbindung, die sich für beide über viele Jahre als segensreich erweisen sollte.

Die Zuneigung Tschaikowskys zu dem fünfzehn Jahre jüngeren Kotek entwickelte sich zur Leidenschaft. Im Januar 1877 schrieb er an seinen Bruder Modest: „I am in love, as I haven't been in love for a long time. Can you guess with whom? He is of middle height, fair, with wonderful brown eyes ... He wears pince-nez, and sometimes glasses, which I cannot stand. He dresses with great care and cleanliless, wears a thick gold chain and always pretty cuff links of the noble metal. He has small hands, but utterly ideal in form (I say ‚but' because I don't like small hands). They are so delightful that I readily forgive them certain distortions and ugly details stemming from frequent contact of the fingertips with the [violin] strings. He speaks with heavily nasal voice, moreover tenderness and sincerity sound in the timbre of his voice. ... I have known him for six years already. I always liked him, and on several occasions I felt a little bit in love with him. ... I need only for him to know that I love him endlessly and for him to be a kind and indulgent despot and idol. It is impossible for me to hide my feelings for him, althought I tried hard to do so at first. ... I burst. I made a full confession of love, begging him not to be angry, not to feel constrained if I bore him etc. ..."[253] Am 4. Mai 1877 beschrieb Tschaikowsky gegenüber seinem Bruder sein inniges Verhältnis zu Kotek: „My love for a person known to you has ignited with new and unheard-of strength! ..."[254]

Die innige Beziehung zwischen Tschaikowsky und dem jungen Kotek umfaßte auch die musikalische Ebene. „Tschaikowsky beriet sich mit Kotek bei der Komposition seines Violinkonzertes und widmete ihm sein Valse-Scherzo op. 34 für Violine und Orchester."[255]

Die Verbindung der beiden Freunde findet Winter 1884 / Anfang 1885 ein trauriges Ende. Am 12. November 1884 schrieb Tschaikowsky an Modest: „Endlich bin ich Gestern um 4 Uhr hier [Davos, Anm. d. V.] angekommen. Das war eine ganze Reise. Nach München verbrachte ich eine Nacht in Lindau und eine weitere schon auf Schweizer

---

252   Tschaikowsky, Bd. 1, S. 368
253   Poznansky, A., Tchaikovsky Through Others Eyes, S. 103f.
254   Poznansky, A., Tchaikovsky Through Others Eyes, S. 105
255   musik konkret 7, S. 15

Ansichtskarte von Davos, Davos-Platz, Kurhaus, Promenade; ca. 1911

Boden, wo die Eisenbahn ihren Endpunkt erreichte ... Von da an fährt nach Davos ein Omnibus in 8 Stunden ... Ich litt sehr durch die Kälte ... Während der Reise nach Davos bildete ich mir ein, in eine Wüste zu kommen, wo es weder Cigaretten noch Cigarren gibt. Es erwies sich aber, dass auf dieser unglaublichen Höhe eine ganze Reihe prachtvoller Hotels stehen und viele Magazine, in denen alles zu haben ist, was man nur wünschen mag. Sogar eine Zeitung gibt es und ein Theater (welches ich gestern mit Kotek zusammen besucht habe) ... Alles das macht auf mich einen ganz fantastischen Eindruck und kommt mir wie im Traum vor. ... Vor der Begegnung mit Kotek [Kotek lag hier an Tuberkulose im Sterben, Anm. d. V.], war ich sehr aufgeregt, denn ich glaubte, ich würde nur den Schatten des früheren Kotek vorfinden. Meine Freude war daher grenzenlos, als ich seine ausgezeichnete Gesichtsfarbe und die stärker gewordene Figur erblickte; dem Aussehen nach scheint er ganz gesund zu sein. Aber nur dem Aussehen nach. Sobald er zu sprechen begann, merkte ich, dass seine Brust stark gelitten hat. Die Stimme ist furchtbar heiser, dazu ein erschütternder, schrecklicher Husten. Nichtsdestoweniger schwatzt er wie früher, d.h. ohne Unterlass, so dass ich ihn jeden Augenblick ermahnen muss, ein wenig einzuhalten und auszuruhen. ... Man sagt, daß gesunde Menschen den Aufenthalt hier nicht vertragen können, ich aber fühle mich bis jetzt sehr gut. Die Natur ist grossartig, sehr düster und – ich muß gestehen – bedrückt mich ein wenig. Das Herz preßt sich krankhaft zusammen und ich sehne mich nach baldiger Abreise. Übrigens dürfte das vorübergehen. Ich war taktvoll genug, Kotek sofort zu sagen, daß ich nur einige Tage bei ihm bleiben würde, so daß er ganz befriedigt sein wird, wenn ich meinen Aufenthalt bis zu einer Woche ausdehnen werde. Ich bedaure ihn sehr."[256]

Einige Tage später ist Tschaikowsky auf dem Weg nach Paris und schrieb aus Zürich: „Ich bin mit dem Bewußtsein aus Davos abgereist, ausgezeichnet gehandelt zu haben, Kotek zu besuchen. Du glaubst garnicht, wie ihn das seelisch aufgerichtet und beglückt hat. Was seine Gesundheit anbelangt, so war der erste Eindruck allerdings, ein täuschender, sein Zustand ist sehr ernst ... Ich habe alles Mögliche für ihn getan; ich habe heimlich mit dem Arzt gesprochen und ihn gebeten, falls sich Davos für Kotek unzuträglich erweisen sollte, ihn an die Riviera zu schicken. Ich habe Kotek einen Geldvorrat gegeben, ihm jedwede moralische und materielle Unterstützung angedeihen lassen, und ich habe Davos in dem Bewußtsein erfüllter Freundespflicht verlassen. Das Leben in Davos ist ein typisches Hotel- und Table d'hôte-Leben. Ich habe unwillkürlich viele Bekanntschaften gemacht und mit einigen Kameraden Koteks Freundschaft geschlossen."[257]

Ähnlich klingt es im Brief von Tschaikowsky an Frau von Meck: „Der Aufenthalt in Davos war für mich recht traurig. Die Gegend, das Hotelleben, dem ich zahlreiche Bekanntschaften (darunter auch mit zwei sehr unsymphatischen russischen Damen) verdanke, und schließlich mein Kranker, der vom Morgen bis zum Abend hustete, wirkten natürlich deprimierend und wenig erheiternd. Vor meiner Abreise sprach ich lange mit Koteks Arzt, der seinen Fall nicht als hoffnungslos betrachtet ..."[258]

Am 4. Januar 1885 stirbt Kotek in Davos. Tschaikowsky ist über das Ableben des Freundes betrübt, doch auch erleichtert, daß er noch einmal den Freund besucht hatte.[259] An Frau von Meck schreibt Tschaikowsky: „Genau am 24. früh erhielt ich ein Telegramm, das mir Koteks Tod meldete. Abgesehen davon, daß diese Nachricht große Bestürzung und Trauer in mir hervorrief, hatte ich auch die schwere Pflicht, den armen Eltern den Tod ihres Lieblingssohnes mitzuteilen, der die unbegüterte Familie unterstützte. Drei Tage lang konnte ich mich nicht entschließen, ihnen diesen großen Schmerz zu bereiten!"[260]

Offensichtlich bedrückte in Aachen Tschaikowsky das Leiden eines weiteren engen Freundes. Bereits am 18. Juli 1887, also wenige Tage nach seinem Eintreffen in Aachen, führte er – vermutlich mit Dr. Schuster – „ein Gespräch über Laroche".[261] Am 21. Dezember 1883 schrieb Tschaikowsky an Frau von Meck: „... In meinem Hotel wohnt auch mein alter Freund Laroche. Ich glaube, ich berichtete Ihnen bereits über seinen Zustand drohender geistiger Zerrüttung, in dem ich ihn im Mai in Petersburg vorfand. Die Ernennung zum Professor des Moskauer Konservatoriums übte zuerst eine belebende Wirkung auf ihn aus ... Aber bald stellte sich wieder völlige Arbeitsunfähigkeit ein, und als ich in Moskau eintraf, lag er den ganzen Tag tatenlos im Bett, hilflos seiner düsteren Schwermut preisgegeben. ... Er müßte ein richtige Wärterin haben. Da ich jetzt eben unbeschäftigt bin, habe ich diese Rolle übernommen, aber ich weiß, daß er nach meiner Abreise wieder zu einem Oblomow [entschlussloser russischer Adliger

---

256 Tschaikowsky, Bd. 2, S. 296f.
257 Tschaikowsky, Bd. 2, S. 297f.
258 Baer/Pezold, S. 457
259 Vgl. Weinstock, S. 318
260 Baer/Pezold, S. 458
261 Kuhn, Tagebücher, S. 206

aus dem gleichnamigen Roman von I. A. Gontscharow]
wird."[262] Ein paar Monate später klagte Tschaikowsky erneut über den kranken Laroche: „Mein alter Freund Laroche
bringt mich zur Verzweiflung. Er ist ein verlorener Mensch.
Wochenlang erscheint er nicht im Konservatorium, völlig unfähig, die Trägheit zu überwinden, die ihn ans Bett fesselt. Er
ißt und schläft nur, das ist jetzt sein Lebensinhalt."[263]

Hermann Awgustowitsch Laroche, geboren am 13. Mai
1845 in Petersburg, studierte am Petersburger Konservatorium, die gleichen Fächer, bei den gleichen Lehrern wie
Tschaikowsky, der seine Studien 1862 aufnahm. Die lebenslange Bekanntschaft und Freundschaft zwischen Laroche
und Tschaikowsky war für beide gleichermaßen wichtig. Laroche wurde in seiner Berufung zum Musikkritiker wesentlich
durch Tschaikowsky bestärkt. Für eine Lehrtätigkeit fehlte
Laroche wahrscheinlich das Interesse, so daß er sie nach
wenigen Jahren im Anschluß an sein Studium aufgab. Laroche schrieb für zahlreiche Moskauer Zeitungen und Peri-
odica Musik-und Literaturkritiken.[264]

Hermann Laroche
(Tschaikowskymuseum, Klin)

Kurkonzerte und Vergnügen am Elisenbrunnen

Übrigens die angereisten Kranken und Gesunden verbringen ihre Zeit im
Kurhaus, in dem sie sich mit der Musik, der festlichen Beleuchtung, dem Tan-
zen usw. belustigen.

Den Kurgästen boten sich vielerlei Möglichkeiten um sich von ihren Beschwerden abzu-
lenken. „Im städtischen Theater werden abwechselnd Opern, Schauspiele, Lustspiele
etc. gegeben. ... Das städtische Orchester spielt während der Saison Morgens von 7-8
Uhr und Mittags im Garten des Elisenbrunnens 12-1, Nachmittags 3-4 ½ im Kurhause,
öfters auch am Belvedere des Lousberges, oder zu einer späteren Nachmittagsstunde
am Elisenbrunnen. ... Ausserdem finden das ganze Jahr hindurch grössere Concerte
häufig statt, wozu die vielen hier bestehenden musikalischen und Gesangvereine ...
Gelegenheit bieten."[265]

Beispielsweise stand am Sonntag den 31. Juli 1887 abends von 8 bis 10 ½ Uhr im
Kurhausgarten unter Leitung des „Concertmeisters Herrn M. Winkelhaus" ein elf Stücke
umfassendes Programm zur Auswahl. Stücke von J. Strauss: Jubelfest-Marsch, von
Wagner: Duett a. d. Op. Tannhäuser, von Michaelis: Wera-Galopp, mögen die Kurgäste
erfreut haben.[266] Am Montag den 1. August 1887 musizierte das städtische Orchester
Morgens und Mittags im Elisengarten, ebenfalls unter der Leitung von Winkelhaus, bei-

---

262   Baer/Pezold, S. 433f.
263   Baer/Pezold, S. 443
264   vgl. musik konkret 5, S. 12ff.
265   Lersch, 1885, S. 58
266   Aachener Kur- und Fremdenblatt, Nr. 78, S. 2

Werbeanzeige im *Neuester Führer für Kurgäste und Touristen*

spielsweise Stücke von Strauss (Hofball-Quadrille, Zehner-Polka), von Donizetti (Arie a. ‚Linda di Chamounix') und von Bach (Nacht und Morgen, Potpourri).[267]

Kurgäste konnten sich abends „mit Illumination am Elisenbrunnen" einem „Doppel-Concert" des städtischen Orchesters und an der „Militair-Kapelle" erfreuen. Das städtische Orchester spielte neun Stücke von verschiedenen Komponisten; beispielsweise von Litolff (Marche sérianse), von Frank (Fest-Ouverture) und Kéler-Béla (Sturm-Galopp). Die Militair-Kapelle hatte Meyerbeer (Manzanilla-Scene a.d. Op. ‚Die Afrikanerin'), Bizet (Duett a.d. Op. ‚Carmen') und Wagner (Finale a.d. Op. ‚Lohengrin') im Angebot.[268]

Für Theaterbesuche boten sich das „Stadt-Theater, Theaterplatz 1; das Saison-Theater, Adalbertstraße 20-24; das Thalia-Theater, Franzstraße 47"[269], an.

Am 17. August 1887, nach einem bedrückenden Tagesverlauf entschloß sich Tschaikowsky im Theater Ablenkung zu finden. Scheinbar stellte sich eher der gegenteilige Effekt ein: „Theater. Langeweile und widerwärtige deutsche Banalität. Im Café. Der Punsch hat nicht geholfen."[270]

Im Hinblick auf sonstige den Kurgästen angebotenen Vergnügungen und Annehmlichkeiten äußerte sich Tschaikowsky zurückhaltend. Er schrieb an Konradi am 23. Juli 1887: „Übrigens die angereisten Kranken und Gesunden verbringen ihre Zeit im Kurhaus, in dem sie sich an der Musik, der festlichen Beleuchtung, dem Tanzen usw. belustigen. Aber ich pflege dort nicht zu sein und will es auch nicht pflegen."[271]

Diese an Konradi gerichtete Bemerkung, ist allerdings mit Vorbehalt, da nur begrenzt den Tatsachen entsprechend, zu werten. An mehreren Stellen im Tagebuch vermerkte Tschaikowsky seinen, vermutlich angenehmen, Aufenthalt am Elisenbrunnen. Ganz be-

267 Aachener Kur- und Fremdenblatt, Nr. 78, S. 2
268 Aachener Kur- und Fremdenblatt, Nr. 78, S. 2
269 Adreßbuch 1887, S. 461
270 Kuhn, Tagebücher, S. 218
271 Brief Nr. 3296

sonders schätzte er es, sich dort bei Kaffee zu entspannen. Am 12. August 1887: „Kaffee im Elisenbrunnen. Heute waren vier russische junge Leute da"[272], am 14. August 1887: „Kaffee im Elisenbrunnen"[273], am 15. August 1887: „Kaffee im Elisenbrunnen", am 18. August 1887: „...habe Russen im Elisenbrunnen beobachtet."[274]

Der Fremdenführer von Lersch beschrieb den bei Tschaikowsky und den Kurgästen beliebten Ort in nüchternen Worten. „Das nach Schinkels Entwürfen von Cremer ausgeführte (seit 8. September 1824 benutzte) und nach der seligen Königin Elisabeth, damaliger Kronprinzessin, benannte Brunnengebäude ist ein 14,4 M hoher Rundbau im dorischen Styl, woran sich zwei Säulengänge (83 M. zusammen lang) anschliessen. Zwei breite Treppen führen zu der Trinkstelle, zu welcher das Thermal-Wasser der Kaiserquelle durch eine 194 M lange unterirdische Leitung hingeführt ist. Marmorbüste von F. Tieck. Im Frühjahr 1885 wurde die elektrische Beleuchtung eingerichtet. Vor dem Elisenbrunnen 2 Springbrunnen. Bei Festen springt ausserdem eine Riesenfontaine aus der Wasserleitung. Hinter dem Brunnengebäude liegt der Elisengarten wo in der Saison Morgens 7-8 Uhr ein wohlgeschultes Orchester spielt. Bei Festlichkeiten 2 Orchester. Eine weitere Trinkstelle, zu welcher das Thermalwasser mittels eines Pumpwerkes gehoben wird, wurde hier im Jahre 1873 angelegt. Der (1852 erworbene) Garten liegt auf der Stelle des ehemaligen Ursulinenklosters, woran nur noch der Name der vorbeiführenden Strasse erinnert. Die Restauration ist verpachtet."[275]

Pezzo Capriccioso
Dieses Stück ist die einzige Frucht meines künstlerischen Geistes des ganzen Sommers.

„Tolja! Schreib mir, wie lange bleibst Du in Paris, ich habe ein Anliegen an Dich und möchte dich sehr gerne sehen. Ich habe ein kleines Stück für Violoncello komponiert und möchte, dass du es durchsiehst und den Part des Violoncello bearbeitest. Gewiß als Cellist bist du überaus schwach und schlecht, – aber was tun – ich habe keinen anderen, der zum Greifen nahe wäre! Antworte aber sofort mein Lieber."[276] Dieser Brief vom 13. August 1887 (25.8.1887) aus Aachen war an Anatol Andrejewitsch Brandukow, ein berühmter russischer Cellist, adressiert.

Der am 6. Januar 1859 in Moskau geborene Brandukow gehörte zum engen Freundeskreis des Komponisten. Er studierte am Moskauer Konservatorium bei Fitzenhagen. Aufgrund ausgezeichneter Leistungen erhielt er vom Konservatorium die Goldmedaille. Am 5. März 1878 gab er mit Unterstützung von Nikolai Rubinstein sein erstes Solokonzert. Er entschied sich seine Karriere in Paris fortzusetzen und lebte dort von 1881 bis 1889, wo er erfolgreich musizierte.[277]

Tschaikowsky verdankte Brandukow während seines Aufenthaltes im Sommer 1886 in Paris, die Bekanntschaft mit der legendären Mezzosopranistin Pauline Viardot.[278] Er

272 Kuhn, Tagebücher, S. 215
273 Kuhn, Tagebücher, S. 216
274 Kuhn, Tagebücher, S. 218
275 Lersch, 1885, S. 49f.
276 Brief Nr. 3317
277 Riemann, S. 219
278 Vgl. Holden, S. 257

Anatol Brandukow (Tschaikowskymuseum, Klin)

äußerte sich bewundernd über die „prächtige und interessante Frau".[279] Er frühstückte bei ihr und „war ganz verzaubert. Trotz ihrer 70 Jahre hält sie sich wie eine Vierzigjährige, ist sehr lebhaft, liebenswürdig, lustig, umgänglich und hat es so einzurichten verstanden, dass ich mich vom ersten Moment an bei ihr wie zu Hause fühlte."[280] Den eigentlichen Moment des Glücks vertraute er seiner Gönnerin Frau von Meck an: „... Hatte ich Ihnen schon geschrieben, dass ich bei ihr zwei Stunden lang in der Originalpartitur von Mozarts ‚Don Juan' geblättert habe, welche ihr Mann vor 30 Jahren zufällig und sehr billig erworben hatte? Ich kann Ihnen gar nicht sagen, von welchem Gefühl ich beim Anblick dieses musikalischen Heiligtums ergriffen wurde. Als wenn ich Mozarts Hand gedrückt und mit ihm gesprochen hätte!"[281]

Im Sommer 1886, als er die Viardot traf, sorgte er sich wieder einmal um das Wohlergehen eines Freundes: „Auch den Russen Brandukov sehe ich täglich. Der arme Jüngling sieht erschöpft und blaß aus. Obgleich er hier den Ruf eines ausgezeichneten Cellisten genießt, ist seine materielle Lage sehr traurig. Er sehnt sich leidenschaftlich, nach Petersburg oder nach Moskau zu ziehen, doch sind alle Stellen leider besetzt."[282]

Die Arbeiten am ‚Pezzo Capriccioso' gingen vom 12. August 1887 bis 14. August 1887 zügig voran. Orchestriert wurde das Stück zwischen dem 15. August und dem 30. August 1887. Am 26. August 1887 schrieb Tschaikowsky aus Berlin an Brandukow: „Ich habe es nicht geschafft in Aachen das Stück zu beenden. Ich werde es dir in Petersburg oder in Moskau bei unserem Treffen zur Verfügung stellen."[283] Nach seiner Rückkehr nach Maidanowo bekannte Tschaikowsky gegenüber seinem Verleger Jürgenson: „Ich

---

279 Tschaikowsky, Bd. 2, S. 377
280 Tschaikowsky, Bd. 2, S. 377
281 Tschaikowsky, Bd. 2, S. 377
282 Baer/Pezold, S. 482
283 Brief Nr. 3329

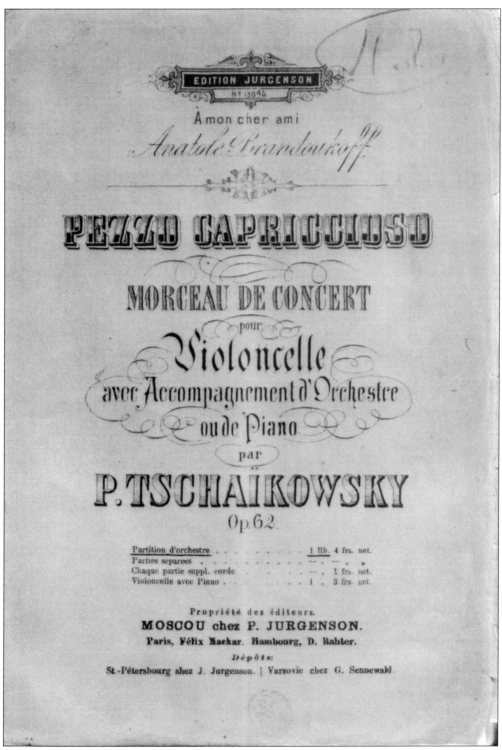

Pezzo Capriccioso (Tschaikowskymuseum, Klin)

schicke dir heute das Violoncellostück, das Brandukov gewidmet ist. ... Dieses Stück ist die einzige Frucht meines künstlerischen Geistes während des ganzen Sommers."[284]

Die erfolgreiche Erstaufführung dirigierte Tschaikowsky persönlich am 16. Februar 1888 (28. Februar 1888) in Paris; das Cello spielte Brandukow.[285]

Tschaikowskys widmete das ‚Pezzo Capriccioso' dem geschätzten Freund: „A mon cher ami Anatole Brandoukoff."[286]

Erholung in Paris
Zu meinem Erstaunen war N. D. kaum gekränkt
und beurlaubte mich für zwei Tage.

Vermutlich löste die Aufregung um Kondratjew bei Tschaikowsky nicht nur seelische sondern auch körperliche Pein aus. Am 18. Juli 1887 heißt es im Tagebuch: „Um 10 Uhr bin ich spazierengegangen. Plötzlich spürte ich sehr starke Unterleibsschmerzen. Konnte nur mit Mühe meinen Spaziergang durch die Stadt fortsetzen."[287] Ein paar Tage später klagte der Komponist über „Darmprobleme".[288]

Um der täglichen Belastung entfliehen zu können, warf Tschaikowsky die Frage nach Ersatz auf: „Was denkst du bezüglich Sasjadko [Neffe von Kondratjew, Anm. d.V.]. Sollte ich ihn vielleicht zu meiner Ablösung bestellen?"[289] Am 31. Juli 1887 schrieb Tschaikowsky an seine Schwägerin: „Ich schrieb an Mar'ja Sergeevna, dass in Anbetracht der Fortdauer der Krankheit es notwendig ist, dass es jemanden geben muß, der mich ersetzen könnte. Möge Sasjadko kommen: ich werde arrangieren, dass N. D. ihm das Geld gibt."[290] Das Aachener Kur- und Fremdenblatt verzeichnete „Zassiadko, Inspektor, Petersburg (Hotel) Neubad", erstmals in der Ausgabe vom 8. September 1887,[291] letztmals am 6. Oktober 1887.[292]

Frau von Meck vermutete schon nach wenigen Tagen, daß Tschaikowsky und Kondratjews Diener Sascha, zusätzliche Hilfe benötigen, um ihren Samariterdienst ohne Gefahr für die eigene Gesundheit bewältigen zu können. Sie dachte hierbei an Kondratjews Ehefrau. Tschaikowsky schloß allerdings diese Möglichkeit aus: „Sie fragen, warum ist Kondratjews Frau nicht mit ihm gekommen. Das ist deshalb passiert, weil, erstens, sie gehört nicht zu den Frauen, welche Kranke selbstlos pflegen können; zweitens, sie ist selbst krank; drittens, man müßte dann mit der ganzen Familie ins Ausland fahren, und in dieser Zeit ist der Kurs so, daß ihn auch die vermögenden Menschen berücksichtigen müssen."[293]

Vermutlich mit einem schlechten Gewissen, erbat sich Tschaikowskys von seinem Freund einen kurzfristigen Aufenthalt in Paris. „Ich beschloß von Paris zu reden. Es

---

284 Brief Nr. 3333
285 Poznansky/Langston, Bd. 1, S. 211
286 Poznansky/Langston, Bd. 1, S. 212
287 Kuhn, Tagebücher, S. 206
288 Kuhn, Tagebücher, S. 209
289 Brief Nr. 3298
290 Brief Nr. 3308
291 Aachener Kur- und Fremdenblatt Nr. 111, S. 4
292 Aachener Kur- und Fremdenblatt Nr. 135, S. 3
293 Brief Nr. 3303

Ansichtskarte von Paris, L'Avenue de l'Opéra; o.D.

ging gut."[294] „Über mich sage ich, daß ich von Emotionen derart erschöpft bin, dass ich einen schrecklichen Wunsch verspürte wenigstens für einen Tag nach Paris zu fahren, wo mich Mackar und Condemine schon lange erwarten und wo ich während 48 Stunden die erschöpfte, elende Figur von N. D. nicht sehen werde. Ich versuchte schüchtern darüber anzufangen und zu sprechen, indem ich die gestrige Verbesserung hervorhob. Zu meinem Erstaunen war N. D. kaum gekränkt und beurlaubte mich für zwei Tage. Es ist entschieden, dass ich am Sonntag (morgen) Abend abreisen werde, am Dienstag fahre ich zurück und am Mittwoch Morgen um 7 Uhr werde ich wieder hier sein. Aber weiß Gott, was heute und morgen noch wird."[295]

Am Sonntag den 2. August 1887 (14.8.1887) verabschiedete sich Tschaikowsky von Kondratjew und reiste morgens um 10.00 Uhr nach Paris. Falls er den „Schnellzug I. Klasse Retour-Billet" nahm, zahlte er „58 Mark, 60 Pfennige."[296] Im Abteil leistete ihm ein „nervöser Rumäne" und „sympathischer Deutscher" Gesellschaft. Hinter dem Namen der wallonischen Stadt Verviers vermerkte Tschaikowsky im Tagebuch „Frühstück". Die Fahrtzeit nutzte er mit der „Lektüre Tolstoi".[297] Mit ihm verband er ein besonderes Erlebnis, das einen typischen Charakterzug des Komponisten unterstreicht.

Im August 1877 traf Tschaikowsky den russischen Schriftsteller Graf Lew Tolstoi und berichtete darüber Nadeshda von Meck: „Vor zwei Jahren brachte der Schriftsteller Graf Lew N. Tolstoi den Wunsch zum Ausdruck, mich kennenzulernen. Er interessierte sich sehr für Musik. Ich machte natürlich zuerst den schwachen Versuch, mich vor ihm zu

---

294 Kuhn, Tagebücher, S. 211
295 Brief Nr. 3309
296 Adreßbuch (Anhang: Gemeinnütziges), S. 49
297 Kuhn, Tagebücher, S. 212

verstecken, doch das gelang mir nicht. Er kam in das Konservatorium [Tschaikowsky war zu dieser Zeit noch als Professor tätig, Anm. d. V.] und sagte Rubinstein [Direktor des Konservatoriums, Anm. d. V.], daß er nicht weggehen würde, ehe ich herunterkäme. Tolstoi ist übrigens ein Schriftsteller, für dessen hervorragende Begabung ich sehr große Sympathie empfinde. Es gab keine Möglichkeit, dieser Bekanntschaft auszuweichen, die nach allgemeinen Begriffen nur angenehm und schmeichelhaft war. Wir lernten uns kennen, wobei ich natürlich die Rolle eines geschmeichelten, zufriedenen Menschen spielte, das heißt, ich sagte, ich sei sehr froh, sehr dankbar, jedenfalls eine ganze Reihe von unvermeidlichen, verlogenen Phrasen. ‚Ich möchte Sie näher kennenlernen', antwortete er mir, und mich mit Ihnen über Musik unterhalten'. Und auf der Stelle, gleich nach dem Händedruck, setzte er mir seine Ansichten über Musik auseinander. Er meinte, Beethoven sei unbegabt. Damit fing es an. Und so begann der große Schriftsteller, der geniale Herzenskenner damit, einem Musiker im Tone tiefster Überzeugung Dummheiten zu sagen, die ihn kränken mußten. Was tut man in solchen Fällen? Man widerspricht! Ja, ich stritt mich mit Tolstoi. Konnte aber die Auseinandersetzung in diesem Fall ernst sein? In Wirklichkeit hätte ich ihm doch eine Strafpredigt halten müssen. Ein anderer hätte es vielleicht getan, ich aber unterdrückte meine Qualen und setzte die Komödie fort; ich spielte die Rolle eines ernsten, wohlwollenden Mannes.

Dann hat er mich mehrmals besucht, und obwohl ich den Eindruck gewann, daß Tolstoi als Mensch, wenn auch ein wenig paradox, offenherzig, gütig und auf seine Art sogar der Musik gegenüber feinfühlig sei (er brach in meiner Gegenwart in Tränen aus, als ich ihm auf seinen Wunsch das Andante meines Streichquartetts vorspielte), bereitete mir dennoch die Bekanntschaft mit ihm Qualen; sie war nur eine Belastung, wie die meisten Bekanntschaften. Denn man kann meiner Ansicht nach die Gesellschaft eines Menschen nur genießen, wenn man ihn lange kennt und auch infolge gemeinsamer Interessen sich in seiner Gegenwart so geben kann, wie man ist. Sollte das nicht der Fall sein, so wird das Beisammensein zu einer Belastung, der sich mein seelischer Organismus, wie er nun einmal beschaffen ist, nicht gewachsen fühlt."[298]

Tschaikowsky las gerne in Tolstois Werken: „An einer großartigen Sache von Tolstoi – ‚Der Leinwandmesser' – weitergelesen."[299] „ ‚Die Kosaken' von Tolstoi" [gelesen, Anm. d. V.].[300]

Die Wertschätzung Tschaikowskys für Tolstoi ist widersprüchlich. Am 1. Oktober 1884 gesteht er Frau von Meck: „... In dem Maße, wie meine Liebe zu Lew Tolstoi wächst, wird mir Turgenew gleichgültiger ..."[301] Zwei Jahre später klingt das Urteil ganz anders: „Des öfteren, besonders, wenn ich getrunken habe, ärgere ich mich innerlich über ihn, ja, ich hasse ihn dann beinah. Warum, so frage ich mich, ist dieser Mensch, der wie noch keiner zuvor die Fähigkeit besitzt, unsere Seele in harmonische, selige und einer höheren geistigen Atmosphäre zugewandten Schwingungen zu versetzen, warum muß ein Schriftsteller, der die noch keinem Sterblichen verliehene Gabe hat, uns, die wir arm an Geist sind, bis in die geheimsten Winkel unserer Seele zu erkennen, warum, so frage ich, ist dieser Mensch von der Manie besessen, uns zu belehren, zu predigen, um unser finsteres Herz und unseren beschränkten Verstand zu erleuchten? ..."[302]

---

298   Baer/Pezold, S. 269f.
299   Kuhn, Tagebücher, S. 85
300   Kuhn, Tagebücher, S. 113
301   Baer/Pezold, S. 452
302   Baer/Pezold, S. 452

Ansichtskarte von Paris, L'Avenue de la l'Opéra; o.D.

Am Abend um 7 Uhr erreichte Tschaikowsky Paris. Die bis zur Rückreise nach Aachen zur Verfügung stehende Zeit schöpfte der Komponist, so weit es seine Kräfte erlaubten, mit Besuchen, Terminen und Verabredungen, aus. Zunächst war Tschaikowsky zu seiner „Überraschung und Freude" froh, die „Belards" zu treffen. Offensichtlich wurde dies mit „Wermut" begossen; zumindest läßt dies eine diesbezüglicher Tagebucheintrag annehmen.[303] Die Belards waren Eigentümer des Hotels in Paris, in dem Tschaikowsky für gewöhnlich wohnte.[304] Besonders erfreut war Tschaikowsky, als sich herausstellte, daß sich sein Freund Brandukow im gleichen Hotel aufhielt. Wiederholt traf er Brandukow und nahm mit ihm das Mittagessen ein.

Die ursprüngliche Absicht lediglich einen Tag in Paris zu bleiben gab Tschaikowsky auf. Er wußte nicht, daß Montag den 15. August 1887 (Gregorianischer Kalender; Tagebucheintrag v. 3.8.1887) Mariä Himmelfahrt gefeiert wurde und „alles geschlossen war". Vermutlich war dies auch die Ursache, daß er den Verleger Felix Mackar, der sich „auf dem Land" befand, am Montag nicht antraf („absolut nicht auffindbar"). Mackar „wegen dem ich [Tschaikowsky, Anm. d. V.] auch nach Paris fuhr" und Tschaikowsky, trafen sich wiederholt am Dienstag.[305]

Der Ruhm Tschaikowskys verbreitete sich Anfang der achtziger Jahre auch in Europa und Amerika. Immer öfters wurden Stücke von Tschaikowsky gespielt; seit 1884 erreichten ihn auch Zeichen wachsenden Ruhms aus Paris. Der französische Verleger Felix Mackar unterbreitete dem mit Tschaikowsky befreundeten Verleger Jürgenson den Vorschlag das Recht der Herausgabe seiner Werke ihm zu verkaufen. Jürgen-

---

303 Kuhn, Tagebücher, S. 212 und Brief Nr. 3311
304 Kuhn, Tagebücher, S. 233
305 Brief Nr. 3311

Felix Mackar
(Tschaikowskymuseum, Klin)

son erhielt zwanzigtausend Francs, ein Betrag der den zunehmenden Ruhm Tschaikowskys wiederspiegelt. Jürgenson reichte die Hälfte des Geldes – ohne dafür verpflichtet zu sein – an Tschaikowsky weiter. Der, unerwartet zu Geld gekommen, besaß hiervon zum Jahresende keine Kopeke mehr. Als Interessenvertreter Tschaikowskys in Paris startete Mackar eifrig den Vertrieb seiner Kompositionen. Tschaikowsky wurde Mitglied der ‚Gesellschaft der Komponisten und Verleger'. Die Gesellschaft hatte den Zweck für jede Konzertaufführung irgend eines Werkes eines seiner Mitglieder ein gewisses Honorar zu erheben. Die jährliche Summe, die Tschaikowsky nunmehr aus Paris bezog und sich von Jahr zu Jahr erhöhte, war gleichzeitig ein zuverlässiger Gradmesser für die wachsende Popularität des Komponisten.[306]

Die erste Kontaktaufnahme zwischen Tschaikowsky und Mackar kam nur zögernd zustande. Am 21. Mai 1886 vermerkte der Komponist in seinem Tagebuch: „Beschloß, zu Mackar zu gehen. Was ich da gelitten habe und wie aufgeregt ich war, ist schwer zu beschreiben. Zehnmal stand ich vor seinem Haus und ging wieder fort; selbst ein großes Glas Absinth half nicht. Endlich bin ich doch hineingegangen. Er erwartete mich. Ich hatte ihn mir anders vorgestellt. Kleiner. Sein Blick ähnelt erstaunlich dem von Bessel [russischer Verleger, Anm. d. V.]. Sprachen miteinander (während ich bei ihm war, kam jemand, der Sachen von mir kaufte), und dann ging ich wieder. Natürlich war mir ein Stein vom Herzen gefallen und mir wurde leichter."[307] Die Scheu begann sich langsam zu legen; ein Tag später: „... Frühstück bei Mackar stand bevor. ... Bei Mackar. ... Mackar. Frühstück. Ich war angeregt. ... Gott sei Dank habe ich die Angst vor der Begegnung mit Mackar überstanden; ..."[308] Vier Tage später: „Zu Mackar gegangen (er ist tatsächlich der Pariser Bessel!!!)."[309]

Als am 4. August 1887 Tschaikowsky den Verleger Mackar endlich antrifft hält er fest: „Bei Mackar. ... Seine Freude und Küsse."[310]

Neben den geschäftlich orientierten Gesprächen mit Mackar, versuchte Tschaikowsky sich die knappe Zeit so angenehm wie möglich zu gestalten. Die Örtlichkeiten die er aufsucht, sind ihm sämtlich aus seinem längeren Aufenthalt im Mai 1886 bestens bekannt: „Café Riche, Café de la Paix, Café chantant, Mittagessen im Diner de Paris."[311]

Eine Bemerkung in Tschaikowskys Tagebuch am 3. August 1887 (15.8.1887), die sich allerdings nicht in den Briefen, die Tschaikowsky über seinen Aufenthalt in Paris schrieb wiederfindet, lautete: „Ich nach Bicetre. Die Auclairs haben sich sehr gefreut.

---

306   Vgl. Tschaikowsky, Bd. 2, 345f.
307   Kuhn, Tagebücher, S. 66
308   Kuhn, Tagebücher, S. 67
309   Kuhn, Tagebücher, S. 68
310   Kuhn, Tagebücher, S. 212
311   Kuhn, Tagebücher, S. 212

PARIS. — La Place du Châtelet et le Boulevard Sébastopol   *Collections ND Phot*

Ansichtskarte von Paris, Le Place du Châtelet et le Boulevard Sébastopol; o.D.

Tränen."[312] Der Name Bicetre ist auch im Tagebuch unter dem 16. Mai 1886 zu finden: „... habe mich, teils zu Fuß, teils mit dem Pferdeomnibus, nach Becetre begeben. Georges saß am Fenster, als ich kam, und schien mir seiner Mutter derart stark zu ähneln, daß ich erschrak. Monsieur Auclair unterhielt mich, bis die ältere Dame kam. Wir saßen im Garten. Georges sang, schwatzte, spielte und rührte mich sehr, als er seine Zuneigung zu den Auclairs dadurch zeigte, daß er nicht mitkommen wollte, und wenn, dann nur unter der Bedingung, daß maman und papa auch mitkommen. ‚Papa, va t' habiller tout de suite'. Spricht natürlich ein Zäpfchen-R wie ein echter Franzose."[313]

Das Drama das sich hinter dieser Eintragung verbarg war nur einem kleinen Kreis von Vertrauten bekannt. Georges war der Sohn von Tatjana, der Tochter von Tschaikowskys Schwester Alexandra. Die morphiumabhängige Tatjana brachte am 26.4.1883 Georges zur Welt. Vater war der Musiklehrer Stanislaw Blumenfeld (1850 – 1897).[314] Modest hatte Tatjana unter dem Vorwand einer Entziehungskur nach Paris gebracht, damit sie dort ihr Kind zur Welt bringt. Der Komponist wußte davon. Man brachte das Kind nach Bicetre, wo es bei den Auclairs aufwuchs. Später adoptierte Tschaikowskys Bruder Nikolai den Jungen – während die übrige Familie über den eigentlichen Vater nichts wußte.[315]

Am 19. Mai 1886 kaufte Tschaikowsky dem kleinen Georges ein Schaukelpferd und brachte es nach Becetre. „Verbrachte dort 5 Stunden. G. war heute sehr launisch. Seltsam: Ich verspüre keine große Liebe zu dem Kind, auch wenn ich eingestehen muß,

---

312 Kuhn, Tagebücher, S. 212
313 Kuhn, Tagebücher, S. 65
314 Grönke, Kadja, in: Tschaikowsky-Studien, Nr. 3, S. 370
315 Vgl. Kuhn, Tagebücher, S. 122

daß es sehr lieb ist. ... 84jährige Frau. Sagte einen merkwürdigen Satz, als ich in ihrem Zimmer war: ‚On est chez ses enfants, quand on est vieux, et ils ne pensent pas á nous! [Man ist bei seinen Kindern, wenn man alt ist, und sie denken nicht an uns, Anm. d. V.]'. Oder etwas Ähnliches. Wie hart, nach dem ersten Eindruck die ganze Wahrheit zu erfahren; und da hatte ich doch gedacht, sie wären alle ein Herz und eine Seele. ... Verzweiflung. Dazu beunruhigt mich auch G. noch. Wie machen wir das nur, daß seine Ähnlichkeit L. [Lew W. Dawydow, Alexandras Ehemann, Anm. d. V.] und S. [Sascha, Kosename für Tschaikowskys Schwester Alexandra, Anm. d. V.] nicht bestürzt????"[316]

Auch während des Aufenthalts in Paris hielt sich Tschaikowsky über den Gesundheitszustand von Kondratjew informiert. An beiden Tagen erhielt er „telegrafische Nachricht"; „... am ersten Tag war die Nachricht gut, am zweiten Tag – schlecht."[317]

Am 3. und 4. August 1887 traf Tschaikowsky noch Peter Sergej Botkin, Sohn eines russischen Arztes. Am Tag der Abreise aus Paris genoß Tschaikowsky die restliche Zeit, tätigte Einkäufe, „schlendert herum" und „geht spazieren".[318] Die Verabschiedung von Mackar, Brandukow und Botkin fiel schwer. Alkohol sollte den Schmerz lindern. „Dumpf schlafend" erlebt er die Rückreise nach Aachen ...[319]

Vor zehn Jahren
Ich sehnte mich leidenschaftlich nach dem Tode.

Möglicherweise bescherte ihm der Schlaf während der Fahrt nach Aachen keine seelische Erholung von den grauenvollen Erlebnissen der vergangenen Wochen. Vielleicht peinigten ihn Träume über die Katastrophe in seinem eigenen Leben, die ihn fast auf den Tag genau vor zehn Jahren an den Rand des Abgrunds führte.

Antonina Iwanowna Miljukowa, eine 28-jährige, unauffällige Schülerin des Moskauer Konservatoriums, in dem Tschaikowsky lehrte, entdeckte ihre Liebe für Tschaikowsky und offenbarte sich ihm im Frühjahr 1877. Schon am 18. Juli desselben Jahres traten sie in aller Stille vor den Traualtar. Nur ein kleiner Kreis von Personen hatte von der Hochzeit Kenntnis. Tschaikowskys Bruder Anatol und sein Freund Kotek waren Trauzeugen. Für alle die Tschaikowsky näher kannten und von seiner Ehe erfuhren, war klar, daß dies aufgrund seiner Homosexualität in eine Katastrophe münden mußte. Ob die Hochzeit als eine verzweifelte Abwehrmaßnahme gegen aufkommende und abträgliche Gerüchte über sein Neigung zum männlichen Geschlecht gedacht war, ist naheliegend. Auf jeden Fall endete diese Strategie für ihn in einem seelischen Zusammenbruch.

Tschaikowsky befand sich Mitte der 1870er Jahre in einer Lebenskrise die insbesondere auf seine homosexuelle Veranlagung zurückzuführen ist. „Sie ist ihm früh bewußt, und er lebte sie als etwas sozusagen Naturgegebenes aus. Dennoch wird sie ihm Mitte der 1870er Jahre zu einem Problem: seiner Familie und seinem gesellschaftlichen Umfeld insgesamt gegenüber. So ‚verflucht' er seine Veranlagung, die ihn gesellschaftlich isoliert ... und sucht nach einem Ausweg. Einen solchen sieht er – wie sich herausstellt: unglückseligerweise – offenbar nur in einer Heirat ‚mit wem auch immer'".[320]

---

316 Kuhn, Tagebücher, S. 66
317 Brief Nr. 3311
318 Kuhn, Tagebücher, S. 212
319 Kuhn, Tagebücher, S. 212
320 Kohlhase, Thomas, in: Tschaikowsky-Studien 9, S. 37

In einem Brief an seinen Bruder Anatol klagte Tschaikowsky im Januar 1875: „Ich bin hier [in Moskau, Anm. d. V.] sehr, sehr einsam, und wäre nicht die ständige Arbeit, dann würde ich einfach in Melancholie verfallen. Und auch das ist richtig, daß die verfluchte Homosexualität zwischen mir und den meisten Menschen einen unüberschreitbaren Abgrund bildet. Sie verleiht meinem Charakter Entfremdung, Angst vor Menschen, Scheu, unermeßliche Schüchternheit, Mißtrauen – mit einem Wort: tausend Eigenschaften, die mich immer menschenscheuer machen. Stell Dir vor, daß ich jetzt häufig bei dem Gedanken an ein Kloster oder etwas ähnliches verweile."[321]

Nur wenige Wochen nach der Hochzeit traten die absehbaren katastrophalen Folgen ein. Tschaikowsky, ein nervliches Wrack, umriß im Brief an Frau von Meck seinen erbärmlichen Zustand: „... Ich sagte Ihnen bereits, daß ich nicht aus

Tschaikowsky mit Ehefrau Antonina
(Tschaikowskymuseum, Klin)

Neigung, sondern infolge einer Verkettung von schicksalhaften Umständen geheiratet habe, die mich vor eine schwere Wahl stellten. Ich mußte mich von einem ehrlichen Mädchen, deren Liebe ich unvorsichtigerweise ermuntert hatte, abwenden oder mich verheiraten. Ich entschloß mich für die Ehe. Ich glaubte zuversichtlich, daß es mir gelingen würde, ein mir so treu ergebenes Wesen liebzugewinnen. ... Kaum war jedoch die Trauung vollzogen, kaum war ich mit meiner Frau allein geblieben und erkannte, daß uns das Schicksal untrennbar verbunden hatte, da begriff ich plötzlich, daß ich nicht einmal Freundschaft, sondern im wahrsten Sinne des Wortes Widerwillen gegen sie empfand. ... Meine Zukunft erschien mir als klägliches Dahinvegetieren, als eine gräßliche, bedrückende Komödie. Meine Frau trifft keine Schuld, sie hat sich mir ja nicht

---

321 Kohlhase, Thomas, in: Tschaikowsky-Studien 9, S. 40

aufgedrängt. Deshalb wäre es grausam und häßlich, sie fühlen zu lassen, daß ich sie nicht liebe und sie als lästig empfinde. Es bleibt mir also nichts anderes übrig, als mich zu verstellen. ... Ich war in tiefer Verzweiflung, zumal niemand da war, der mich trösten und aufrichten konnte. Ich sehnte mich leidenschaftlich nach dem Tode. ...“[322]

Schließlich schrieb er am 11. Oktober 1877 (23.10.1877) aus Clarens am Genfer See: „Ich verbrachte mit meiner Frau zwei Wochen in Moskau, und diese beiden Wochen bestanden nur aus unaussprechlichen seelischen Qualen. ... Voller Verzweiflung suchte in den Tod, der mir als einziger Ausweg erschien. Es kamen Augenblicke, in denen ich wie ein Wahnsinniger einen derartigen Haß gegen meine unglückliche Frau empfand, daß ich sie am liebsten erwürgt hätte. ... Damals erhielt ich von meinem Bruder ein Telegramm aus Petersburg, ich müsse ... nach Petersburg kommen. Als ich meinen Bruder wiedersah, brach alles, was ich in diesen endlosen zwei Wochen in meinem Herzen verborgen hatte, aus mir hervor. Etwas furchtbares geschah mit mir, die Erinnerung daran habe ich verloren. Als ich wieder zu mir kam, erfuhr ich, mein Bruder sei inzwischen in Moskau gewesen, habe mit meiner Frau und Rubinstein alles besprochen und mit ihnen vereinbart, mich ins Ausland zu bringen. ... Um Klatsch und einen Skandal zu vermeiden, haben mein Bruder und Rubinstein beschlossen, das Gerücht zu verbreiten, ich sei erkrankt, fahre deshalb ins Ausland und meine Frau beabsichtigt, mir zu folgen ...“[323]

Tschaikowsky wird seine Frau nie mehr sehen. Die Erinnerung an die Ehe mit Antonina wird ihn nie loslassen. Beispielsweise am 6. Juli 1887 (18.7.1887), wenige Tage vor seiner Reise nach Aachen schrieb er in sein Tagebuch: „Ich erinnere mich ganz deutlich daran, was vor genau 10 Jahren geschehen war!!!???“[324]

Ärztliche Maßnahmen
Ich flüchtete zu mir nach oben, da ich Schlimmes ahnte.

„Am Abend reiste ich mit schwerem Herzen [aus Paris, Anm. d. V.] ab. Oh, es war kein Vergnügen für mich, in dieses schreckliche Aachen zu fahren.“[325] Tschaikowsky sehnte sich nach dem Ende seiner Leidenszeit: „Mir bleiben noch 3 Wochen hier zu wohnen, weil ich N. D. bereits das Ehrenwort gegeben habe nicht vor dem 25. August abzureisen.“[326] „Ich bleibe bei ihm, wenn er bis dahin nicht verscheidet, bis zum 25. August.“[327] „Ich reise auf jeden Fall nicht später, als am 25. ab, aber wer weiß? Vielleicht auch früher. N. D. geht es jeden Tag immer schlechter und schlechter, und ich kann es kaum glauben, daß er es bis zum Ende August schafft.“[328]

Der Zustand des kranken Freundes war katastrophal. „Mein Kranker schmilzt, schmilzt ohne Ende, wie eine Kerze. Er gehört zu den Menschen, welche Angst vor dem Tod haben, und deshalb überkommt ihn oft die tödliche Schwermut, Schluchzen, Hysterie! ... Gott! Wie schwer das ist.“[329] Kondratjews Zahnfleisch begann zu schmerzen. Das

---

322 Baer/Pezold, S. 74
323 Baer/Pezold, S. 83f.
324 Kuhn, Tagebücher, S. 201
325 Brief Nr. 3311
326 Brief Nr. 3311
327 Brief Nr. 3312
328 Brief Nr. 3313
329 Brief Nr. 3312

Zahnfleisch wurde geätzt.[330] „Gestern [7.8.1887, Anm. d. V.] war ein besonders schrecklicher Tag. Der arme N. D. litt fürchterlich! ... Die ganze Zeit stöhnte er und warf sich hin und her; zum Abend schloß sich noch der fürchterliche Schmerz des Zahnfleisches an. Es endete mit hysterischem Schluchzen.“[331] Für eine Besserung des Krankheitsbildes wurde es als wichtig erachtet, daß der Patient durch Schwitzen Wasser verliert; sobald dies gelang, verbreitete sich zeitweise Hoffnung und Erleichterung. Der betreuende Arzt Dr. Schuster versuchte das Schwitzen zu fördern, in dem er ein „Schwitzbett aus Düsseldorf“ bestellte.[332] Für kurze Zeit verbreitete sich Zuversicht: „Der ganze gestrige Tag verlief völlig glücklich. Das von Schuster bestellte Bett mit dem besonderen Mechanismus, der die Bäder ersetzen muss, wurde gestern ausprobiert und das Ergebnis erwies sich als herrlich. N. D. schwitzte stark. Der Doktor war entzückt. Die Hoffnung erschien wieder.“[333]

Die ergriffenen ärztlichen Maßnahmen führten nur zu einer kurzfristigen Zustandsbesserung. Dr. Schuster schien es empfehlenswert zusätzliche ärztliche Kompetenz hinzuzuziehen. Vermutlich war Schuster ratlos: „... Aber im allgemeinen sehe ich an allem, daß Schuster den Kopf verloren hat, und er widerspricht sich selbst schrecklich auf Schritt und Tritt“, schrieb Tschaikowsky an seinen Bruder Modest.[334] Am 16. August 1887 scheint der Zweifel an Schusters Möglichkeiten sich zu erhärten: „Ich habe jeden Glauben in Schuster verloren. Er verwirrt uns derart, daß sogar der leichtgläubige N.D. ihn oft auf seinen unwahrscheinlichen Widersprüchen ertappt.“[335] „Schuster hat selbst eine Konsultation angeboten. Auf ihr war der berühmte Doktor Meier anwesend. Auf die Frage von N. D., ob er nach Russland sterben fahren muß, wurde entschieden, daß man die Behandlungen fortsetzen muß, und daß noch nicht alles verloren ist.“[336] Dr. Meier hielt es für angemessen dem Patienten ohne Umschweife über die Heilungschancen zu informieren. Tschaikowsky vermerkte in seinem Tagebuch: „... nebenan berieten sich die Ärzte. Ich flüchtete zu mir nach oben [Wohnung von Tschaikowsky, Anm. d. V.], da ich Schlimmes ahnte. In der Tat beging Meier die Grausamkeit, N. D. zu sagen, daß es sehr schlimm um ihn stehe. Seine Verzweiflung. Zum Glück sagte Schuster, er würde Meiers Meinung nicht teilen. Das hat N. D. für den ganzen Tag beruhigt.“[337] Über diesen für Kondratjew niederschmetternden ärztlichen Befund schrieb Tschaikowsky am 19. August 1887: „Gestern hatte N. D. wieder eine Konsultation. Doktor Meier hatte die Grausamkeit ihm zu sagen, daß man sein Leiden nur lindern kann, und nicht heilen. Es folgte eine tiefe Verzweiflung, welche sich in eigenartigen Formen ausdrückte, aber derart stark, dass sie einen Stein zum Mitleid bringen könnte. Zum Glück hat der liebste Schuster feierlich verkündet, dass er die Meinung von Meier nicht teilt. Das ermutigte N. D.“[338]

---

330   Vgl. Kuhn, Tagebücher, S. 212
331   Brief Nr. 3315
332   Kuhn, Tagebücher, S. 213
333   Brief Nr. 3316
334   Brief Nr. 3309
335   Brief Nr. 3321
336   Brief Nr. 3322
337   Kuhn, Tagbücher, S. 218
338   Brief Nr. 3325

Bei dem konsultierten ärztlichen Experten dürfte es sich um „Dr. Georg Fr. Wilh. Mayer, Geheimer Sanitätsrath, dirig. Arzt des Louisen-Hospitals 1. Abth., Aureliusstr. 13 (Sprechst. ½ 3-6)"[339] gehandelt haben.

Die Diagnose von Dr. Mayer mag für den Patienten schmerzhaft und niederschmetternd gewesen sein, mit Sicherheit traf sie jedoch ein Fachmann mit hoher Kompetenz. Der am 9. April 1825 geborene Sohn des angesehenen Buchhändlers und Verlegers J. A. Mayer studierte in Bonn, ließ sich 1849 in Aachen nieder und brachte es zu einer bedeutenden Praxis als Badearzt. Er war Mitbegründer des Luisenhospitals dem er zusammen mit seinem Kollegen, dem Geheimer Sanitätsrat Dr. Brandis, zu einem hervorragenden medizinischen Ruf verhalf.[340] Er trieb moderne medizinische Entwicklungen voran. „Unter denen welche das Thermometer anwandten, war er einer der ersten. Dabei fand er Gelegenheit genug, um den Ungläubigen und Widerwilligen, welche die Körperwärme durch Handauflegen zu erkennen wähnten, ihren Irrtum nachzuweisen. Welche Sorgfalt er auf die Wahl der Nahrungsmittel verwandte, zeigte sich, abgesehen von Magenkranken, ganz besonders in der Kinderpraxis. ... Daß die Milch, dieses wichtigste aller Nahrungsmittel, unter Umständen als Gift wirkt, konnte seiner Beobachtungsgabe nicht entgehen. ... Mayer gehörte sicherlich zu denjenigen, welche die segensreiche, ja nicht selten lebensverlängernde Wirkung des Morphiums bei manchen Herzkrankheiten zuerst erkannte."[341] Neben dem anerkannten fachlichen Wirken, war er für seinen Humor stadtbekannt und man amüsierte sich über seine lustigen Aussprüche.[342]

Neue Sorgen
Die Nachricht über Arenskij erschüttert mich um so mehr.

Als ob das Tag für Tag von Tschaikowsky erlebte Leiden des Freundes dem Komponisten nicht schon genug Qualen bescherte ... Weitere Sorgen betrafen den Komponisten und Professor am Konservatorium, Anton Stepanowitsch Arenskij. Sergej Iwanowitsch Tanejew berichtete in seinem Brief vom 13. August 1887: „Ich erhielt eben eine schreckliche Nachricht: Anton ist wahnsinnig geworden, und man bringt ihn nach Kazan in eine Klinik. Letzteres ist für mich völlig unverständlich: Warum nach Kazan und nicht nach Moskau und nicht nach Petersburg? ... Armer Anton? Kann es etwas Schrecklicheres geben, als sich bewußt zu werden, daß man sich in einem Irrenhaus in Einzelhaft befindet? Besser, er würde sterben. Seine Frau soll bald ein Kind bekommen. Er hat eine religiöse Manie. Er sagt, daß er viel gesündigt hat, und redet allen zu, Buße zu tun. Ich fahre am 15. August nach Moskau. Ich weiß nicht, ob Sie dieser Brief in Aachen erreichen wird."[343] Tschaikowsky antwortete kurz darauf am 18. August 1887 (30.8.1887): „Die Nachricht über Arenskij erschütterte mich um so mehr, weil ich mich bereits 5 Wochen bei einem sterbenden und stark leidenden Menschen befinde und die unaufhörlichen moralischen Qualen erfahre, die auf mich eine schreckliche Wirkung haben. In der Krankheit Arenskijs erschreckt mich das, dass es kein Anfall einer akuten Geistesverwirrung ist, sondern eine religiöse Manie. Die letztere, so scheint es, unheil-

339 Adreßbuch 1887, S. 192
340 Festschrift 100 Jahre Evangelischer Krankenhausverein zu Aachen, S. 12
341 Brandis, B., in: Festschrift 100 jahre Evangelischer Krankenhausverein zu Aachen, S. 94
342 Festschrift 100 Jahre Evangelischer Krankenhausverein zu Aachen, S. 12
343 Brief Nr. 140

bar zu sein, aber übrigens, wir werden nicht die Hoffnung verlieren."[344]

Der etwa 21 Jahre jüngere zu Nowgorod geborene Arenskij, studierte Komposition am St. Petersburger Konservatorium bei Nikolai Rimskij-Korsakow und wurde 1883 Kompositionslehrer am Moskauer Konservatorium. Als Komponist steht er Tschaikowsky näher als der jungrussischen Schule.[345] Tschaikowksy hatte großen musikalischen Einfluß auf Arenskij. Erst vor wenigen Monaten äußerte sich Tschaikowsky zu Werken des jüngeren Kollegen. „Teurer Freund ..., erst gestern ist Ihr lieber Brief in meine Hände gelangt; dass Sie ‚Margarete Gautier' [Phantasie für Orchester] komponiert und mir gewidmet haben wusste ich durch Tanéjew. Für die Widmung danke ich Ihnen von ganzer Seele. Ihre Aufmerksamkeit und die Ehre die Sie mir erweisen, haben mich sehr gerührt. ‚Margarete' liegt jetzt bei mir auf dem Tisch und ich werfe hin und wieder – in den freien Momenten, deren ich nicht viele habe – mit viel Interesse und Vergnügen einen Blick hinein. Nehmen Sie es mir aber um Gottes Willen nicht übel, dass ich Ihnen nicht sofort über den gewonnenen Eindruck berichte..."[346] Arenskij war beleidigt. „Ein verärgertes Schreiben von Arenskij. ... Antwortbrief an Arenskij."[347] Daraufhin folgte im Brief am 2. April 1887 eine ausführliche Einschätzung. Die Formulierungen sind in freundliche Worte gekleidet, aber in der Aussage unmißverständlich: „.... Es war ... meine Pflicht, einen solchen Zeitpunkt abzuwarten [Zeitpunkt der es Tschaikowsky erlaubte die Partitur gründlich zu studieren, Anm. d. V.] als mir Ihre Fantasie, – obwohl ich Ihr ausserordentliches Talent sehr hoch schätze – nicht gefallen hat. ... Hinsichtlich der Meisterschaft der Kompositionstechnik kann Ihnen Niemand etwas vorwerfen, denn sie verdient unbedingtes Lob ... Ich bitte Sie mir für die Verzögerung der Antwort und für den tadelnden Charakter derselben nicht zu zürnen."[348]

*Anton Arenskij
(Tschaikowskymuseum, Klin)*

Tschaikowsky ist auch in Lebensfragen Arenskijs ein gefragter Ratgeber: „Teurer Anton Stepanowitsch, ich war eine ganze Woche in Petersburg, so dass Ihr Brief in meiner Abwesenheit ankam. Dieser Umstand erklärt meine späte Antwort auf die Sie interessierende Frage. Tiflis ist eine in jeder Beziehung sympathische Stadt, und ich kann Jedem, der sich dort niederlassen möchte, nur zureden. Ich denke, daß es für Ihre kompositorische Tätigkeit sogar nützlich wäre, Ihr Heim in einem Lande aufzuschlagen, welches so überaus reiche künstlerische Anregungen bietet. Zugleich aber sehe ich viele, für die fernere Entwicklung Ihrer üppigen Begabung ungünstige Seiten in der Tätigkeit eines Direktors der Tifliser Abteilung der Musik – Gesellschaft. Erstens werden Sie, wenn ich nicht irre, ein kleineres Gehalt beziehen, als in Moskau ..."[349]

---

344 Brief Nr. 3324
345 Riemann, S. 48
346 Tschaikowsky, Bd. 2, S. 395f
347 Kuhn, Tagebücher, S. 167
348 Tschaikowsky, Bd. 2, S. 396f.
349 Tschaikowsky, Bd. 2, S. 677f.

Sergej Tanejew (Tschaikowskymuseum, Klin)

Am 2. September 1887 (14.9.1887) vermerkt Tschaikowsky erleichtert: „... Arenskij (ihm geht es jetzt besser)."[350] Arenskij starb im Februar 1906 in einem finnischen Sanatorium an einem Lungenleiden.[351]

Der 31 Jahre alte Sergej Iwanowitsch Tenejew, an den Tschaikowsky seinen Brief vom 18. August 1887 adressierte, genoß die besondere Wertschätzung des Komponisten und war mit ihm in langjähriger Freundschaft verbunden. Tanejew studierte am Moskauer Konservatorium Musiktheorie bei Tschaikowsky. Für hervorragende Leistungen erhielt er 1875 als erster Student des Konservatoriums die Goldmedaille; Tschaikowsky brachte es mit seiner eigenen Abschlußarbeit am Ende seines Studiums am Musikkonservatorium in St. Petersburg 1865 zu einer Silbermedaille. Noch im gleichen Jahr – am 21. November 1875 – debutierte Tanejew mit einem zunächst von Nikolai Rubinstein abschätzig beurteilten Werk Tschaikowskys. „In Moskau wurde das B-moll-Konzert ... zum ersten Mal gespielt und zwar vom jugendlichen Pianisten Sergius Tanejew, dem Lieblingsschüler Rubinsteins und auch Peter Iljitsch's. ... Ausser der Sauberkeit der Technik, der Schönheit des Anschlags und der Eleganz und Leichtigkeit in der Ausführung der Passagen – war es ein überaus reifes Verständniss, eine bei einem so jungen Künstler fast unglaubliche Selbstbeherrschung, Ruhe und Objektivität des Vortrags, welche die Zuhörer in Erstaunen setzten. Indem Herr Tanejew alle hervorragenden Eigenschaften seines Lehrers und Meisters in sich aufgenommen hat, erscheint er trotzdem nicht als blosser Kopist seines Vorbildes, sondern als eigenartige Künstlerindividualität ..."[352] Obwohl ein hervorragender Pianist, gab er seine Pianistenlaufbahn auf und wurde 1878 Professor für Musiktheorie und Instrumentation am Moskauer Konservatorium; 1885 wurde er hier Direktor. Tschaikowsky schätzte den fachlichen Rat Tanejews – auch wenn es ihm manchmal nicht leicht viel die Kritik zu ertragen – bisweilen fürchtete er die Offenheit mit der Tanejew seine Kritik aussprach. Es wird berichtet, daß Tschaikowsky seinen Freund um eine Meinung zur zunächst nicht erfolgreich aufgeführten fünften Symphonie bat. Tanejew zeigte mit der ihm eigenen Pedanterie Fehler auf ... Tschaikowsky war über diese Kritik erbost, nahm die Noten und schrieb über die

---

350 Kuhn, Tagebücher, S. 224
351 Riemann, S. 48
352 Tschaikowsky, Bd. 1, S. 318f.

Seite mit roter Tinte: ‚Awful muck', riß das Papier auseinander, verteilte es auf dem Boden und rannte aus dem Raum.[353] Tschaikowskys Verärgerung legte sich recht schnell wieder; Tanejews Meinung war ihm wertvoll und die Freundschaft mit ihm wichtig. „Lieber Sergei Iwanowitsch, Ihren Brief habe erhalten. Obwohl es mich sehr interessiert hat, Ihre Meinung über meine Liederchen kennen zu lernen, war ich Ihnen ein wenig böse, daß Sie nicht ein Wort über sich selbst ... erwähnt haben."[354]

Etwa ein Jahr vor Tschaikowskys Aufenthalt in Aachen schrieb er seinem Freund: „Lieber Sergei Iwanowitsch, es ist recht gewissenlos von mir gewesen, weder aus dem Kaukasus, noch aus dem Auslande an Sie zu schreiben ... Ich schreibe den 4. Akt der ‚Bezaubernden', aber recht faul und wie es scheint nicht besonders glücklich. ... Wollte Gott, daß ich die Oper glücklich zu Ende führe, das wäre schon sehr gut. Ich meine, – das Leben ist verteufelt kurz."[355]

Die Freundschaft mit Tanejew dauerte bis zu Tschaikowskys Tod. Im Tschaikowksymuseum in Klin (ca. 70 km von Moskau entfernt, Anm. d. V.] – dem erhalten gebliebenen Landhaus in dem Tschaikowsky zuletzt wohnte – ist zur Erinnerung für Tanejew ein eigener Raum mit Hinterlassenschaften von ihm eingerichtet.

Ausflüge
Ging auf den Lousberg auf dem gewohnten Weg mit einigen Abstechern.

Während Tschaikowsky in seinen Briefen besonders auf den Krankheitszustand von Kondratjew einging und vom eigenen Befinden berichtete, vermerkte er hingegen in seinen Tagebuchaufzeichnungen auch die Verwendung der spärlichen Zeit die ihm persönlich zur Verfügung stand. Besonders angenehm empfand er Spaziergang und Fahrt auf den Lousberg. Dieses Ausflugsziel wurde von ihm wiederholt angesteuert und brachte ihn auf andere Gedanken. 18. Juli 1887: „Fahrt auf den Lousberg"[356], 25. Juli 1887: „Fahrt im Landauer auf den Lousberg"[357], 27. Juli 1887: „Spaziergang am Pontthor vorbei und dann hoch zum Lousberg"[358], 28. Juli 1887: „Spaziergang zum Lousberg auf dem üblichen Weg"[359], 29. Juli 1887: „Ging wieder auf den Lousberg auf dem gewohnten Weg mit einigen Abstechern."[360]
Sicherlich folgte Tschaikowsky den Empfehlungen der zeitgenössischen Reiseführer für Kurgäste in Aachen, die den Lousberg als eines der hervorzuhebenden Ausflugsziele auswählte. „Der Lousberg (am oberen Ende der Sandkaulstrasse links, Weg durch die Promenade zur Kupferstrasse) ist ein im Norden der Stadt liegender grösserer Hügel, welcher sich ungefähr in der Richtung von Nord-Westen nach Süd-Osten erstreckt und dem an seinem Fusse gelegenen Stadttheile einigen Schutz gegen Nordwinde gewährt. Sein höchster Punkt liegt nur 262 M. über dem Meeresniveau, 99 M. über dem Eingang zum Kaiserbade, 88,5 M. über dem Marktplatze. Im Wesentlichen ist diese Anhöhe eine Anhäufung von gelbem und weissem Sande. ... Vor einigen 70 Jahren war

---

353   vgl. Poznansky, A., Tchaikovsky Through Others Eyes, S. 216
354   Tschaikowsky, Bd. 2, S. 277
355   Tschaikowsky, Bd. 2, S. 380
356   Kuhn, Tagebücher, S. 206
357   Kuhn, Tagebücher, S. 209
358   Kuhn, Tagebücher, S.209
359   Kuhn, Tagebücher, S. 210
360   Kuhn, Tagebücher, S. 210

Ansichtskarte von Aachen, Pontthor; ca. 1905

der Lousberg noch eine öde Schaftrift; seine jetzige Kultur ist eine mühsame und kostspielige Arbeit gewesen ... Das Areal des Bergrückens ... beträgt 18 Hektare, 64 Are, wovon 4/5 mit Holz bestanden. Er bietet eine Anzahl schöner Spaziergänge und hat in seiner ganzen Länge (850 M.) Fahr- und Reitwege. Uebrigens scheint ihm seit längerer Zeit nicht mehr die gehörige Fürsorge gewidmet worden zu sein ... Trotzdem ist diese sehr leicht zu ersteigende Anhöhe ein sehr schöner Auslugeplatz geblieben. Besonders nach Süden gewährt sie eine überaus schöne Aussicht auf das Aachener Thal und die ganze Stadt. Man hat wenige Städte, die sich in ähnlicher Weise von einer nahen Höhe so gut übersehen lassen, dass alle merkwürdigen Gebäude sich dem Blicke deutlich darstellen. ... Über und hinter Aachen werden die zwei Kirchen von Burtscheid bemerklich, dahinter die Dörfer Forst und Brand und der sanft ansteigende Burtscheider und Schönforster Waldrücken, welcher die Wasserscheide bildet, in der Tiefe südöstlich die alten Thürme von Frankenberg. Der Horizont ist nach allen Seiten durch ferne Gebirgszüge geschlossen. ..."[361]

Über die Historie des Lousberg weiß Hubert Oecher Geheimnisvolles zu berichten: „... An Kaiser Ludwig des Frommen erinnert noch die Salvatorkirche auf dem nach ihr benannten Berge, einem Theil des Lousberges. Er ließ sie als Begräbnißkirche errichten. Die jetzige Kirche ist freilich in allerjüngster Zeit von Grund aus neu gebaut; die alte war eine Ruine. Den Lousberg selbst hat der Teufel im Zorn neben Aachen aus dem Sack geschüttet, als er beim Bau des Münsters betrogen war – gegen den Teufel kenne die Frömmsten keine Ehrlichkeit. Selbst noblesse oblige gilt da nicht. Der Lousberg ist denn auch Zeit seines Daseins ein loser Berg gewesen. Er hat seine Tücken und hat sie

---

361   Lersch, 1881, S. 135ff.

Ansichtskarte von Aachen, Monheims Allee und Lousberg; ca. 1901

noch in neuester Zeit bewiesen, wo er an einer Stelle mit allem, was darauf stand, in's Rutschen kam. Jetzt belastet man ihn dort mit Gebäuden, damit er festgehalten wird. Freilich seit Decennien ist er mit seiner bewaldeten Kuppe und seinem Belvedere, dem vielbesuchten Restaurant, eine Zierde für Aachen, wie sie wenige Städte so schön, so nah, so aussichtsreich für Spaziergang, Fahrt und Ritt besitzen. Dem Kaiser Napoleon I. ist das zu verdanken. Er betrachtete sich als den Nachfolger Karl's des Großen ... Er protegirte deshalb die auf 25 000 Einwohner zusammengeschmolzene Stadt, sprengte bei seiner Anwesenheit auch auf den Lousberg, damals eine öde Schaftrift, hinauf und dekretirte zur Stunde, daß die Höhe bepflanzt und in einen Park umgeschaffen werde. Seine Regierung war so unähnlich der folgenden preußischen: er gab pompös mit der einen Hand einen Theil dessen, was er mit der anderen genommen hatte. Aber das machte so großen Eindruck! Er schnitt, mit Heine zu sprechen, seinen Namen so tief in die Rinde des Baumes ein, an den er sein Namensschild hing – auch als der Schild herabgeschlagen, war er unvergeßlich ...“[362]

Die wohlwollenden Bemerkungen Tschaikowskys über die Umgebung, waren nicht auf den Lousberg beschränkt: „Ich machte einen ausgedehnten Spaziergang aus der Stadt hinaus, auf einer schönen Straße, die zu den Bergen führte“[363] oder „Am Morgen bin ich nach Burtscheid gegangen und war davon so begeistert, daß ich gleich nach

---

362 Adreßbuch 1887, S. 8f.
363 Kuhn, Tagebücher, S. 211

Ansichtskarte von Aachen, Salvatorkirche auf dem Lousberg; o.D.

Ansichtskarte von Aachen-Burtscheid, Kurgarten; o.D.

Siegel weiterwanderte und im Wald sowie auf dem freien Feld wunderbare Ausblicke erlebt habe."[364]

Die „Stadtgemeinde Burtscheid" zählte 1885 „12193 Ortsanwesende Personen, 2213 Gewöhnliche Haushaltungen von zwei oder mehr Personen, 314 Einzeln lebende, selbständige Personen und 19 Anstalten."[365] Auch Burtscheid gehörte zu den empfohlenen Ausflugszielen. „Der durch seine Fabriken und Warmbäder bekannte Ort ... liegt im Süden von Aachen westlich, nördlich und theilweise östlich von der Nachbarstadt umschlossen und mit ihr sogar gewissermassen verwachsen. Er besteht aus einem älteren Theile, der auf zwei Höhen und dem von ihnen gebildeten, von SW nach NO streichenden Thale liegt, und einem in grosser Ausdehnung neuangebauten. ... Ehe man in die Altstadt von Süd-Westen durch die Kurbrunnenstrasse (Verlängerung der Wilhelmstrasse) eintritt, zeigt sich der auf 25 Bogen ausgespannte Viaduct, 280 M. lang, bis 22,6 M. hoch ... Hinter dem Viaduct sieht man den Thermalbrunnen, Victoriabrunnen (48 Grad R.), umgeben von einem in den letzten Jahren sehr verschönerten, 160 Are grossen Park (wo Morgens 7-8, öfters auch Nachmittags, Concerte von der Kurkapelle ausgeführt werden, – Kurtaxe 2, resp. 1 Mark per Woche) darin ein Schweizerhaus mit Milchschank, daneben zwei prächtige Badehäuser, Karlsbad und Rosenbad ... Die nahe liegende heisseste Quelle ist 59 Grad 7 R. warm, etwas wärmer als der Karlsbader Sprudel. Dies alles liegt im Thalwege ... In den letzten 12 Jahren hat sich Burtscheid sehr verschönert und in sanitärer Hinsicht viel verbessert."[366]

Tschaikowsky liebte es auch bei Kaffee oder Punsch – der ‚Schwedenpunsch' schmeckte ihm besonders gut und ließ ihn manchmal etwas zuviel davon genießen – Abstand zu gewinnen. Es verging kaum ein Tag, an dem er nicht sein Lieblingsgetränk in Aachen genoß:

27.7.1887: „Ich ging spazieren. Punsch."[367]

28.7.1887: „Ich im Café 2 Mal Punsch."[368]

30.7.1887: „Schwedenpunsch."[369]

31.7.1887: „Punsch."[370]

1.8.1887: „Ich mit Sascha ins Café. Schwedenpunsch."[371]

Oft war er Gast im Wiener Café. „Wiener Café. Schlummerpunsch. Figaro und Gaulois. Gespräch mit dem Oberkellner über Punsch. Schwedenpunsch gekauft."[372] „Punsch im Wiener Café."[373] „Um 10 Uhr bin ich spazieren gegangen; danach habe ich mich im Wiener Café betrunken."[374] Das von Tschaikowsky geschätzte „Wiener Café" befand sich am Friedrich-Wilhelmplatz 3.

Neben dem „Wiener Café" besuchte Tschaikowsky das „Café-Restaurant Elisenbrunnen" das mit „Gute Küche. Diverse Biere. Reine Weine"[375] warb. „Kaffee im Eli-

364 Kuhn, Tagebücher, S. 215
365 Adreßbuch 1887, S. 301
366 Lersch, 1885, S. 82ff.
367 Kuhn, Tagebücher, S. 210
368 Kuhn, Tagebücher, S. 210
369 Kuhn, Tagebücher, S. 211
370 Kuhn, Tagebücher, S. 211
371 Kuhn, Tagebücher, S. 212
372 Kuhn, Tagebücher, S. 213
373 Kuhn, Tagebücher, S. 216
374 Kuhn, Tagebücher, S. 219
375 Lersch, 1881, (Anhang) S. 10

Ansichtskarte von Aachen, Elisenbrunnen; ca. 1904

senbrunnen getrunken, der Wiener Kaffee ist mir inzwischen zuwider."[376] „Kaffee im Elisenbrunnen."[377] „Punsch im Elisenbrunnen und im Wiener Café."[378] Gast war er ebenfalls im „Café Küppers"[379], „Theaterplatz 9. Diners, Soupers, Déjeuners. Table d'hôte 1 ½ Uhr. Speisen á la carte. Feine Biere. Reine Weine. Electrische Beleuchtung. Tel. Nr. 131 zu freier Benutzung"[380] und nahm „Kaffee auf dem Bahnhof".[381]

‚Die Bezaubernde'
Mir scheint die Oper wird einen großen Erfolg erzielen.

Obwohl das Miterleben der täglichen Qualen von Kondratjew Tschaikowskys ganze Aufmerksamkeit verlangte und es ihm daher kaum möglich war sich schöpferisch zu konzentrieren, zwang ihn die vorgesehene Aufführung seiner Oper „Die Bezaubernde" zeitweise Mitleid und Fürsorge für den Freund zu verdrängen. Die Sängerin Pawlowskaja, sie sang in der Premiere der Oper am 20. Oktober 1887 die Rolle der Kuma, empfahl Änderungen zu denen der Komponist in seinem Brief am 30. Juli 1887 Stellung bezog: „Teure Emilie Karlowna, ich brenne vor Ungeduld, mit Ihnen über die tiefe Lage des Duetts mit dem Prinzen zu plaudern, wenn auch nur schriftlich. Nach Durchlesen

---

376   Kuhn, Tagebücher, S. 215
377   Kuhn, Tagebücher, S. 217
378   Kuhn, Tagebücher, S. 217
379   Kuhn, Tagebücher, S. 217
380   Adreßbuch 1887, S. 171
381   Kuhn, Tagebücher, S. 214

Ihres Briefes begann ich, die betreffende Szene gründlich zu studieren, und – stellen Sie sich vor – ich bgreife nicht, warum sie Ihnen zu tief erscheint? d.h., selbst wenn dieses wirklich der Fall wäre, so trüge (glaube ich) nicht ich die Schuld, sondern die Szene selbst. ... Übrigens haben Sie von Ihrem Standpunkt aus recht, d.h. es hat sich herausgestellt, daß die Stelle unbequem und ermüdend zu singen ist, obwohl ich mich – Gott weiss – bemüht habe, es Ihnen recht zu machen... Ich würde vorziehen die Korrekturproben Naprawniks [russ. Dirigent und Komponist, Anm. d. V.] Leitung zu überlassen, da ich bei meiner Unerfahrenheit die Fehler nicht gut herauszuhören vermag. Ohne ihn werde ich doch nicht auskommen. Übrigens wie Sie wollen und wie Naprawnik befehlen wird."[382] Zwar stimmte Tschaikowsky den Änderungswünschen zu, sie wurden aber letztlich doch nicht in die Endfassung übernommen.[383]

Emilia Pawlowskaja
(Tschaikowskymuseum, Klin)

Im Brief vom 8. August 1887 anwortete Tschaikowsky der Sängerin Slawina, die ebenfalls Veränderungsvorschläge in ihrem Brief vom 12. Juli 1887 ansprach. Die Vorschläge betrafen die Rolle der Fürstin, die sie in der Erstaufführung spielte.[384]

Tschaikowsky begann die Arbeiten an der Oper „Die Bezaubernde" im September 1885 und schloß sie im August 1886 ab. Die Orchestrierung folgte im September 1886 und wurde im Mai 1887 beendet.

Im Januar 1885 als Modest seinen Bruder auf das Drama „Die Bezaubernde" von Spashinsky aufmerksam machte, geriet dieser sogleich über die Scene der Begegnung zwischen Kuma und dem Prinzen in helles Entzücken. „... und wie sooft bei Tschaikowsky ist es eine ganz konkrete Szene, die den Ausschlag für die Vertonung gibt: Die Begegnung zwischen dem mordlüsternen Prinzen Jurij und der ihn heimlich liebenden Nastasja fesselt den Komponisten so sehr, daß er spontan beschließt, diese konfliktreiche Liebesgeschichte zur Basis seiner neuen Oper zu machen – auch wenn er das Sprechtheaterstück noch gar nicht auf der Bühne gesehen hat."[385] Schon am Tag darauf bat Tschaikowsky den Verfasser das Drama in ein Opernlibretto umzuwandeln.[386]

Bis zur Erstaufführung der Oper war es für Tschaikowsky ein steiniger Weg und nervenstrapazierender Prozess. Zunächst trifft das Libretto nicht rechzeitig ein, dann ergeben sich Probleme technischer Art, Diskussionen mit Spashinsky über die Umgestaltung der Titelfiguren und anderes mehr zehren an den Kräften des Komponisten und es stellt sich zeitweise eine Phase der Erschöpfung, ja Lustlosigkeit ein.[387]

Als Tschaikowsky sein neues Werk erstmals in voller Länge durchspielte, wurde ihm bewußt, daß seine Partitur vier Stunden Musik umfaßt. Bei den ersten Bühnenproben im September 1887 war ihm die Überfülle an Musik geradezu peinlich und er nahm

---

382   Tschaikowsky, Bd. 2, S. 417f. und Brief Nr. 3306
383   Poznansky/Langston, Bd. 1, S. 73
384   Brief Nr. 3314
385   Grönke, Kadja, in: Mitteilungen 13 (2006), S. 145
386   Vgl. Tschaikowsky Bd. 2, S. 315
387   Vgl. Grönke, Kadja, in: Mitteilungen 13 (2006), S. 145f.

Kürzungen und Änderungen in den letzten drei Akten vor. Nach all den durchstandenen Schwierigkeiten, freute er sich auf die Premiere: „Ich bin sehr zufrieden mit der Ausführung und insbesondere mit der szenischen Ausstattung. Mir scheint, die Oper wird einen großen Erfolg erzielen."[388] Aber welch ein Irrtum!

Tschaikowsky mag es nicht entgangen sein, daß die Uraufführung einige Schwächen aufwies. Dies galt beispielsweise für die Sängerin der Titelpartie. Sie vermochte ihrer Rolle weder stimmlich noch darstellerisch gerecht werden – die Sängerin kommt im ersten Akt aus dem Konzept, so daß Tschaikowsky – der die Premiere dirigierte – abklopfen mußte. Die Kritiker, die sich höflich zurückhaltend äußerten – dies wertete der Komponist fälschlicherweise ganz anders – hatten große Schwierigkeiten mit dem dramatischen Sujet, das sie für Tschaikowsky ungeeignet empfanden. Hinsichtlich der Textvorlage beklagten sie: „Das Libretto leidet unter mangelnder Geschlossenheit, Längen, Einschüben und uneinheitlichen Charakteren, mitunter sogar unter einer primitiven Formgestalt: Neben guten Versen stehen gelegentlich ausgesprochen mißglückte."[389]

An Frau von Meck schrieb der Komponist voller Enttäuschung: „... Nachdem ich meine Oper viermal dirigiert hatte, bin ich vor fünf Tagen in einer sehr melacholischen Stimmung hier [in Moskau, Anm. d. V.] eingetroffen. Trotz der mir dargebrachten Ovationen während der ersten Vorstellung hat meine Oper dem Publikum wenig gefallen und eigentlich keinen Erfolg gehabt. Seitens der Petersburger Presse begegnete ich aber einem derartigen Haß und einer so großen Mißgunst, daß ich immer noch nicht zur Besinnung kommen und begreifen kann, warum und weshalb diese Feindschaft. Ich habe mir bei keiner anderen Oper solche Mühe gegeben, so gearbeitet; trotzdem hat mich die Presse noch nie so sehr verfolgt wir jetzt."[390]

Hoffnungslosigkeit
Rasender Egoismus peinigt mich.

Tschaikowsky sehnte sich nach dem Tag, an dem er endlich zu seinem geliebten Maidanowo reisen konnte. Aber diese Gedanken, vom kranken Freund Abschied zu nehmen, bereiteten dem fürsorgenden Komponisten umgehend Zweifel an seinem Verhalten. „Seltsam ! – Ich stand ganz unter dem Druck von Entsetzen und Trauer, nicht aber von M i t l e i d !!! ... Wodurch ich so hart geworden bin, begreife ich nicht. Nein! Ich weiß, daß ich nicht bösartig und nicht herzlos bin. Es sind meine Nerven und der Egoismus, der mir immer lauter und lauter ins Ohr flüstert: ‚Fahr ab, quäl dich nicht, schone dich!' ... Aber an Abreise wage ich noch nicht zu denken..."[391] „Rasender Egoismus peinigte mich. Hatte nur noch den einen Gedanken: Weg von hier!!! Die Grenzen meiner Geduld sind längst überschritten. Besonders wenn N. D. hustet, verspüre ich selbst eine unglaubliche Qual."[392]

Der Zustand Kondratjews verschlechterte sich weiter. Wiederholt schien das Ende des Freundes bevor zu stehen. „Der arme N. D. wird wahrscheinlich bald seine unendlichen Leiden beenden. ... Der Bauch hat sich unglaublich aufgebläht, der Husten

---

388 Grönke, Kadja, in: Mitteilungen 13 (2006), S. 147
389 Grönke, Kadja, in: Mitteilungen 13 (2006), S. 148
390 Baer/Pezold, S. 507
391 Kuhn, Tagebücher, S. 217
392 Kuhn, Tagebücher, S. 220

erwürgt ihn (du [Modest, Anm. d. V.] kannst dir vorstellen, wie ich wegen diesem fürchterlichen Husten leide!), nachts ... sobald er einschläft, fängt er an zu ersticken, usw. usw. Gestern sprach ich mit Schuster unter vier Augen, und er sagte mir, dass er noch nicht endgültig die Hoffnung verliert; aber heute gestand er, dass es scheinbar keine Hoffnung mehr gibt.

Gestern befand sich N. D. in einer sanftmütigen und ergebenen Gemütsverfassung; an solchen Tagen leide ich noch mehr, als wenn er auf jemanden losgeht und sich hin und her wirft, böse ist, sich empört und der Hysterie verfällt. Im letzteren Fall durchdringt mich das Entsetzen, und wenn er ruhig ist – kolossales Mitleid. Sogar das Essen, welches sein einziges Vergnügen war, konnte ihn nicht mehr erfreuen. Es sind mir noch 5 Tage geblieben, aber ich fange an zu glauben, dass N. D. noch vor meiner Abreise verscheiden wird, oder, was das allerschrecklichste ist, verlangen wird, dass man ihn in diesem Zustand nach Petersburg fährt, und wird mit mir fahren! Ich fragte jetzt Schuster, ob er seine Abreise zu diesem Zeitpunkt entschieden verhindern wird? Er sagte, wenn N. D. unbedingt fahren wolle dann kann er ihn nicht hindern, denn er habe kein Recht dazu. So lange lebte ich in der Hoffnung, dass ich so oder so am 25. aus diesem unendliche Alb entweichen werde, und was wenn ich drei Tage im Waggon um jede Minute zittern und vor mir einen Menschen der die letzte Hoffnung verloren hat, sehen muss!!! Das ist derart entsetzlich, dass ich es auch nicht sagen kann."[393]

Glückliche Stunden
Ich habe wieder einen Spaziergang nach ‚Siegel' gemacht.

Der Komponist suchte immer wieder Wege um die seelische Last zu lindern; seinem Tagebuch vertraute er an: „Ein bedrückender Tag ... Ich war so aufgeregt, daß ich ziellos durch Aachen irrte, mir einfallen ließ 4 Glas Bier zu trinken und dann hart dafür büßen mußte."[394] Trotzdem hinterlies die Dauerbelastung körperliche Spuren: „Zu Hause [im Hotel, Anm. d. V.] verspürte ich dann Schmerz, hatte Durchfall und Brechreiz. Es wurde immer schlimmer, und schließlich wurde ich wirklich krank. Der Arzt kam zwei mal. Sascha besuchte mich mehrmals, wie auch die gute Josephine. Ein abscheulicher Zustand. Eisschlucken."[395]

Außer dem Lousberg, dem Ort Burtscheid, genoß er die Wanderung nach „Siegel".[396] Offenbar war seine Begeisterung von dem Vorgefundenen so groß, daß er bereits am nächsten Tag, den 12. August 1887, seinen Ausflug wiederholte. „Ich habe wieder einen Spaziergang nach Siegel gemacht und wieder in einem Hain Kaffee getrunken."[397]

„Das Forsthaus am Siegel (städtische Försterei) mit guter Sommerwirthschaft (Bier, Wein, Kaffee, Milch, Makai etc.)", das Tschaikowsky offensichtlich schätzte, war „vom Burtscheider Kurgarten aus in 20 Minuten und vom Süd-Ende der Stadt in 12-15 Minuten zu erreichen. Der Weg dorthin zieht sich gleich ausserhalb Burtscheids durch einen künstlich hergestellten, tiefen Feld-Einschnitt des Hessberges (auf dessen Höhe der Kirchhof mit einigen sehenswerthen Denkmälern, namentlich der in den Feldzügen von

---

393   Brief Nr. 3326
394   Kuhn, Tagebücher, S. 220
395   Kuhn, Tagebücher, S. 220
396   vgl. Kuhn, Tagebücher, S. 215
397   Kuhn, Tagebücher, S. 215

Ansichtskarte von Aachen, Forsthaus Siegel im Aachener Wald; o.D.

Ansichtskarte von Aachen, Forsthaus Siegel im Aachener Stadtwald; o.D.

1866 und 1870-71 gefallenen Krieger, belegen ist) und verfolgt die am südlichen Abhange des vorgenannten Bergrückens neu erbaute Strasse nach Raeren bis zum Eingange des ca. 300 Hektars grossen Stadtwaldes, woselbst sich linksseitig das Gut Neuenhof und rechtsseitig das Forsthaus mit zwar bescheidenen Innenräumen, aber desto herrlicheren und ausgedehnteren Spaziergängen in einem ausnehmend schönen Eichen- und Buchenwalde befindet. Sowohl auf dem Wege zur Försterei als auch von den dortselbst unter dem Laubdache hochstämmiger Waldbäume angelegten Sitzplätzen geniesst man den Anblick einer Thal-Landschaft, wie sie schöner wohl kaum gedacht werden kann. Umsäumt im Norden von dem Häusermeer der Städte Aachen-Burtscheid, im Osten von einem mit Aeckern und Gärten überzogenen Bergrücken, in Süden und Westen von den bewaldeten Höhen des Burtscheider und Aachener Stadtwaldes, birgt das Thal in seinem ausgedehnten Innern neben fruchtbaren Feldern und üppigen Wiesen, zahlreiche Wald- und Wasser-Parthien, Gehöfte, Villen, Landhäuser, Obstgärten, Park- und Garten-Anlagen, sowie eine Reihe grosser industrieller Etablissements."[398] Ausweislich des Adressbuches von 1887 wurde die „Restauration" Forsthaus Siegel, vom Förster Josef Heinen aus Burtscheide geführt.[399]

Ansichtskarte von Aachen, Aussichtsturm im Aachener Wald; ca. 1900

Tschaikowsky erfreute sich an Spazierfahrten in die Umgebung und „im Wäldchchen"[400] und an Spaziergängen hinter dem Stadttor „an einem Wäldchen, wo es ländlich roch."[401] Die bevorzugte Fahrt ins „Wäldchen" hatte allerdings noch eine andere Bewandtnis: „... Der Landauer wurde vorgefahren. N. D. wurde mit sehr großer Mühe hineingesetzt; ihn in den Landauer zu setzen ist deshalb so schwer, weil er zwar gehen kann, aber auf

---

398 Lersch, 1881, S. 154f.
399 Adreßbuch 1887, S. 540
400 Kuhn, Tagebücher, S. 209
401 Kuhn, Tagebücher, S. 207

Ansichtskarte von Aachen, Waldschenke im Stadtwald; o.D.

Ansichtskarte von Aachen, Linzenshäuschen; ca. 1898

die Stufen des Landauers hinauf steigen kann er entschieden nicht; deshalb muß man jedes Bein hochheben und hinstellen, wobei Pik aus dem Landauer die Hände ausstreckt und ihn hält; endlich wird er hineingeworfen, hochgehoben, die Kissen werden hingelegt und er wird reingesetzt. Ich setze mich neben ihn, Sascha gegenüber, Pik auf dem Kutschbock. Wir fahren spazieren immer zur selben Stelle, d.h. in ein sehr liebes Wäldchen, welches an Russland erinnert und bequem ist in der Beziehung, daß es nie viele Menschen gibt, und deshalb ist die Prozedur mit pipi möglich.“[402] Auf der Fahrt zum „Wäldchen“ bot sich den Russen eine willkommene Abwechslung: „Gestern war N. D. während der Spazierfahrt fröhlich; an einer Stelle, noch vor dem Wäldchen, sahen wir lange den Deutschen zu, welche mit einem Bogen auf eine Zielscheibe schossen.“[403]

Sicherlich hat der Komponist auch den Aachener Stadtwald genossen. „Der Aachener Stadtwald erstreckt sich im Südwesten der Stadt, durchschnittlich 3 bis 4 Kilometer von den Thoren entfernt, in Bogenform von dem Landgute Schellartshof an der Burtscheid-Raerener Prämienstrasse bis zum Vaelserquartier, in einer Längenausdehnung von über 8 Kilometer, mit einer grössten Breite von 2,5 Kilometer. Er schliesst durch seine Höhen, welche überdies die bedeutendsten der näheren Umgebung Aachens sind, das sogenannte Aachener Becken nach Südwesten ab.“[404]

Ebenso ist es gut möglich, daß Tschaikowsky einen seinerzeit sehr beliebten Ausflug zum ‚Linzenshäuschen‘ unternahm. Dieses Ausflugsziel war auch mit Droschke zum Preis von 2,50 Mark oder über mehrere schöne Fusswege erreichbar. Das ‚Linzenshäuschen‘, einst eine Einsiedelei mit Kapelle, nun ein Forsthaus mit einer von „Franz Ehrlich“ bewirtschafteten „einfachen Wirthschaft“, lud die Gäste zu Kaffee und sonstigen Erfrischungen ein.[405]

Sehnsucht nach Maidanowo

Ich bin jetzt auf den Gedanken der Einsamkeit in Maidanowo versessen.

Die letzten Briefe Tschaikowskys aus Aachen setzen den Reigen an schlimmen Erlebnisberichten von den vergangenen Wochen fort. Zwei Tage vor der Abreise aus Aachen schrieb er an seinen Bruder Anatol: „Lieber Tolja! Verzeih, daß ich lange nicht schrieb. Ich war so traurig, es ging mir so qualvoll schlecht, dass ich die Feder nicht in die Hande nehmen wollte ... Gestern war es soweit, dass der arme N. D. gänzlich am Ersticken war, weil Wasser in die Lungen stieg. Man entschloss sich für die äußerste Maßnahme: das Wasser wurde herausgelassen. Selbstverständlich fühlt er sich erleichtert – aber die Sache ist sehr schlecht. Entweder hält er diese ganzen Klemmen nicht aus und stirbt vor Schwäche oder Gangräne, oder das Wasser wird zweifellos wieder anfangen sich zu sammeln.“[406]

Am gleichen Tag schilderte er auch an Modest den katastrophalen Krankheitsverlauf: „Gestern war man gezwungen die Operation des Herauslassens des Wassers zu tun –

---

402 Brief Nr. 3301
403 Brief Nr. 3301
404 Lersch, 1885, S. 85f.
405 Lersch, 1881, S. 155f.
406 Brief Nr. 3327

Maidanowo, hier wohnte Tschaikowsky von Febr. 1885 bis April 1888; (Tschaikowsky-museum, Klin)

sonst wäre er erstickt. Es kam fast ein ganzer Eimer Wasser heraus. Er fühlte eine riesige Erleichterung – aber der Zustand ist sehr ernst und die Schwäche ist unglaublich."[407]

Wie in denWochen zuvor, mußte Tschaikowsky zusätzlich die Launen und Gemütsverfassungen des Freundes ertragen. Seine Geduld wurde auf eine harte Probe gestellt, zwischen den Zeilen im Tagebuch läßt sich bisweilen Verärgerung herauslesen. „N. D. hat ungeduldig auf uns [Sasjadko und Tschaikowsky, Anm. d. V.] gewartet ... N. D. war die ganze Zeit launenhaft und schien zeigen zu wollen, daß es ihm schlechter geht, als es in Wirklichkeit scheint. Stroganow. In seiner Gegenwart wurde er plötzlich sehr lebhaft. Stroganow über die Musik. Mittagessen von N. D., bei dem er 2 Teller Suppe, ein ganzes Glas Solbrunnen und 2 Backäpfel verzehrte, dem Arzt aber sagte, er habe nichts gegessen. Überhaupt zeigte er sich den ganzen Tag unverständlicherweise angeberisch und ließ seinen Launen freien Lauf."[408]

Die Abreise vor Augen, gipfelt die körperliche und seelische Auszehrung des Komponisten in dem Wunsch nach Ruhe und Zurückgezogenheit in seinem zu Hause in Maidanowo. Selbst seinen Bruder Modest wollte er nicht sehen. „... Auf jeden Fall schikke ein Telegramm an Alekseij [Hausbursche von Tschaikowsky im Haus in Maidanowo, Anm. d. V.] ... Ich lade dich nicht ein Halt [im Haus in Maidanowo, Anm. d. V.] zu machen. Ich benötige einige Tage völliger Einsamkeit. ..."[409] Damit Modest diese Bitte ja nicht ver-

---

407 Brief Nr. 3328
408 Kuhn, Tagebücher, S. 221
409 Brief Nr. 3326

gißt schrieb er ihm am 23. August 1887 noch einmal: „Modja komm vorbei, aber komm nicht zu mir nach Maidanowo. Ich bin jetzt auf den Gedanken der Einsamkeit in Maidanowo versessen ..."[410] Bereits am 7. August 1887 bat er im Brief an seinen Diener: „... Ich muß mich wenigstens eine Woche vor Petersburg gehörig ausruhen, und möchte über alle Maßen gern etwas zu Hause leben. Darum richte es bitte so ein, daß in den letzten Tagen des Monats in Maidanowo alles fertig ist."[411]

Der Abschied zwischen Tschaikowksky und Kondratjew am 25. August 1887 scheint nahezu kühl verlaufen zu sein. Nur wenige Zeilen im Tagebuch geben Auskunft: „Habe unruhig geschlafen. Bin um 6.30 Uhr aufgestanden. Habe mich wieder hingelegt. Sascha. Mitja. Bei N. D. Abschied ohne viel Tränen. Der Arzt. Mitja hat mich zum Zug begleitet. Fühlte mich unpäßlich und war betrunken. ... ."[412]

Die Erschöpfung und Leere Tschaikowskys spiegelt sich im Brief vom 31. August 1887 (12.September 1887) an seine Vertraute Frau von Meck wieder: „... Die sechs Wochen in Aachen waren für mich eine unaussprechliche Qual, da ich sie nur in der Gesellschaft eines schwer Leidenden, zum Tode Verurteilten verbrachte, der jedoch nicht sterben konnte. Das war eine der schwersten Zeiten meines Lebens. Ich bin in dieser Zeit sehr alt und mager geworden. Eine derartige Lebensmüdigkeit, Niedergeschlagenheit und Apathie hat sich meiner bemächtigt, als müßte auch ich bald sterben. Alles, was mir früher wichtig, was der Inhalt meines Lebens war, erscheint mir jetzt klein, nichtig und zwecklos. Sicherlich wird dieses Empfinden bald vergehen, dem Arbeitseifer eines Komponisten weichen, der ein Ziel erstrebt. Gebe Gott, daß es so kommt. Ich müßte jetzt eigentlich nach Petersburg fahren, denn dort beginnen bereits die Proben für die ,Zauberin' [‚Die Bezaubernde', Oper von Tschaikowsky, Anm. d. V.], doch empfand ich ein derartiges Bedürfnis nach Ruhe und Einsamkeit, daß ich beschloß, eine Woche in Maidanowo zu bleiben. Zu meinem Unglück ist das Wetter grau und trübe und regt zu traurigen Betrachtungen an."[413]

Das Aachener Kur- und Fremdenblatt führte Tschaikowsky bis zur Ausgabe vom Dienstag den 15. September 1887 als in Aachen anwesend.[414]

Testament

Habe geweint.

Die Reise von Aachen führte den Komponisten zunächst nach Berlin, wo er am 25. August 1887 (6.9.1887) eintraf. Er logierte im Hotel Petersburg. Zerstreuung suchte er durch einen Spaziergang ,Unter den Linden', aber die Ereignisse waren noch zu frisch. Das Abendessen nahm er ohne Appetit, obwohl er den ganzen Tag nichts gegessen hatte. Im Tagebuch vermerkte er: „Habe geweint."[415]

Am 26. August 1887 (7.9.1887), stand er früh auf, nahm Tee, las Zeitungen, schlenderte durch die Straßen und besorgte sich auf dem Bahnhof Friedrichstraße Fahrkarten. Beim anschließenden Frühstück, leistete ihm der Wirt Gesellschaft – der „wie das

---

410 Brief Nr. 3328
411 Brief Nr. 3313
412 Kuhn, Tagebücher, S. 221
413 Baer/Pezold, S. 504f.
414 Aachener Kur- und Fremdenblatt Nr. 117, S. 3
415 Kuhn, Tagebücher, S. 221

Ansichtskarte von Berlin, Café Bauer und Kranzler-Ecke; ca. 1902

bei den Deutschen üblich ist, über Politik redet"[416], besuchte das Café Bauer, erholte sich durch Schlaf in seinem Hotel. Ein Blick in den Spiegel seines Hotelzimmers führte ihm vor Augen, wie mager und blaß er geworden ist. Die körperlichen Auswirkungen der wochenlangen Anspannung hatten ihn gezeichnet. Durchfall und Brechreiz machten ihm zu schaffen. Nach der für ihn typischen Aufregung und Hektik setzte Tschaikowsky seine Rückreise fort.

Über mehrere Zwischenstationen erreichte Tschaikowksy am 28. August 1887 (9.9.1887) um 6 Uhr Petersburg. Zu seinem großen Erstaunen befand sich Tschaikow-kys Bruder Modest zur gleichen Zeit in Petersburg. Verärgert über dessen Geheimis-krämerei schrieb er: „Modja! Warum hast Du mir niemals geschrieben, daß Du so früh in Petersburg sein würdest? In der festen Überzeugung, Du seiest in Kamenka, wohin ich Deinem Wunsch entsprechend einen ganzen Haufen Briefe geschrieben hatte, ent-schloß ich mich gestern, im Hotel zu bleiben, da ich dachte, daß ich weder Dich, noch Kolja, noch Bob [Neffe von Tschaikowsky, Anm. d.V.] finden würde, sondern Miss East-wood ... Verzehrt von der Sehnsucht allein zu sein, hatte ich Angst vor ihnen. Heute war ich in Peterhof und erfuhr zu meinem Erstaunen, daß Du hier bist??!!! Seltsam! Jetzt gelang es mir kaum zu packen, zu Mittag zu essen, alle Sachen zum Bahnhof zu befördern, und ich selbst werde gleich zu Fuß gehen, und wenn ich Dich nicht antreffe, werde ich Dir diesen Brief hinterlassen. Ich fahre für eine Woche nach Maidanowo und kann Dir nicht sagen, wie glücklich ich bin!".[417]

An andere Stelle heißt es: „... Warum hast Du mir verheimlicht, daß Du so früh in Petersburg sein würdest? Was ist das für ein Geheimnis? Ich habe mit Zasjenka bis zu

---

416 Kuhn, Tagebücher, S. 222f.
417 Brief Nr. 3330

Ansichtskarte von St. Petersburg, Konservatorium; o.D.

Ansichtskarte von St. Petersburg, Théatre de Panaieff et le Quai de l'Admirauté; ca. 1900

С. Петербургъ
St.-Pétersbourg

Невскій проспектъ
Perspective de Nevsky.

Edition „Richard" St Pétersbourg. No. 19.

Ansichtskarte von St. Petersburg, Newskij Prospekt; o.D.

Tränen gestritten, daß Du Petersburg nicht einen Tag länger als nötig schenken würdest. Ich muß in Erfahrung bringen ... ob man nach Aachen schreiben soll oder nicht. Tue das mein Lieber."[418] Die Verärgerung über Modest ist auch im Tagebuch festgehalten: „... Habe mich über Modest wegen seiner Manier geärgert, dauernd etwas zu verschweigen, zu verheimlichen und Ausflüchte zu machen. Dann kam alles wieder ins Lot."[419]

Am 29. August 1887, nach der Zwischenstation in Petersburg, ging es weiter nach Maidanowo. „Die Zugfahrt war wunderbar, und ich schlief gut. Wie lange hatte ich schon von diesem Augenblick geträumt; als ich jedoch meinem Zielort näherkam, spürte ich in mir etwas wie Gleichgültigkeit und traurige Kälte ..."[420] Doch bevor er abfuhr „war ich ... bei der Frau meines sterbenden Freundes", schrieb er an Frau Pawlowskaja.[421]Am 30. August 1887 traf Tschaikowsky in Maidanowo ein. Mit Ironie beschreiben die ersten Zeilen in seinem Tagebuch den ersten Eindruck: „Klin. Aljoscha [Hausbursche von Tschaikowsky, Anm. d. V.]. Schlechtes Wetter. Und trotzdem war es furchtbar angenehm, die Visage meines lieben Aljoscha wiederzusehen. Zu Hause."[422]

Der letzte Satz im Tagebuch – die noch leeren Seiten des Buches blieben unbeschrieben – des Komponisten am 30. August 1887, geschrieben nach mehreren Wochen aufopfernder Begleitung seines unheilbar kranken Freundes in Aachen, lautet:

„H a b e   m e i n   T e s t a m e n t   g e s c h r i e b e n."[423]

---

418   Brief Nr. 3330
419   Kuhn, Tagebücher, S. 223
420   Kuhn, Tagebücher, S. 223
421   Brief Nr. 3337
422   Kuhn, Tagebücher, S. 223
423   Kuhn, Tagebücher, S. 223

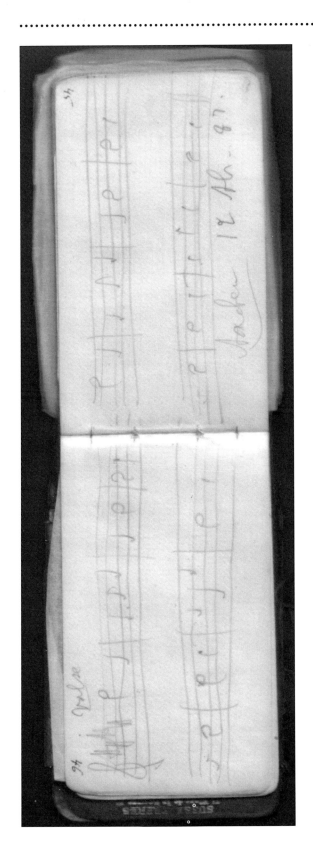

Notennotizen von Tschaikowsky
(Tschaikowskymuseum, Klin)

Anhang

Lokalnachrichten

Echo der Gegenwart, Nr. 6,
Sonntag 9. Januar 1887

Die dritte Kammermusiksoiree fand am vorigen Donnerstag statt. Das Programm war sehr interessant bemessen. Bei der überhaupt trefflichen Ausführung der glücklich gewählten Werke gestaltete sich der Abend zu einem genussreichen, für welchen die Anwesenden den Veranstaltern, in allererster Reihe Herrn Musikdirektor Kniese, der uns das ganze Maaß seiner Meisterschau als Klaviervirtuos gab, zu aufrichtigem Dank verpflichtet sind. Es war ein glücklicher Gedanke, die mit Unrecht fast gänzlich verschollenen Triovariationen Beethovens über das Lied „Ich bin der Schneider Kakadu" wieder einmal ans Tageslicht, aber richtiger gesagt, ans Gaslicht zu fördern. Der ebenso feinen als charakteristischen Wiedergabe des genialen Werkes seitens der Herren Kniese, Reibold und Siemann gehört uneingeschränktes Lob. Den eigentlichen Gipfelpunkt in Bezug auf Wiedergabe bildete die große Sonate von Raff für Klavier und Violine op. 128, welche die Herren Kniese und Reibold mit künstlerischer Vollendung und hinreißender Wirkung spielten.

Der Weber Ignaz H., der Tagelöhner Peter B. und der Schlosser Theodor B. hatten sich wegen gemeinschaftlich verübter Mißhandlung des Bäckers F. und des Webers X. aus Burtscheid zu verantworten. Nach längerer Beweisaufnahme – alle drei Angeklagten bestritten ihre Schuld – erkannte das Gericht die beiden Letztgenannten der Misshandlung für schuldig und verurtheilte sie zu einer Woche bzw. vierzehn Tagen Gefängniß. Der erste Angeklagte wurde für nicht überführt erklärt und freigesprochen.

Echo der Gegenwart, Nr. 4,
Donnerstag 6. Januar 1887

Im sogenannten „Fischweiher" am Lousberg holte sich heute Mittag ein Knabe dadurch ein kaltes Bad, dass er beim „Bahnschlagen" einer aufgehauenen Stelle zu nahe kam und bis zur Brust in's Wasser fiel. Hoffentlich wird das Bad für den Knaben ohne nachtheilige Folgen bleiben und für Andere eine Warnung sein.

Heute Vormittag stahl ein Strolch einer Frau auf dem Buttermarkte das Portemonnaie aus der Tasche. Trotzdem der Diebstahl sofort bemerkt wurde, gelang es dem Dieb doch mit seiner Beute zu entkommen.

Aachener Anzeiger, Nr. 15, Abendausgabe Mittwoch 19. Januar 1887

Ein lebhaftes Treiben entwickelte sich gestern Vormittag auf der glatten Eisbahn des zoologischen Gartens. Damen und Herren aus der besten Gesellschaft glitten auf Stahlschuhen dahin, einzeln, zu Zweien oder in langer Kette, das eine oder andere Paar drehte sich in graziösen Wendungen nach dem Takte der Regimentsmusik, welche unter Herrn Kapellmeisters Granzow Leitung vollzählig concertirte. Herrn Oberst von Wentzel, dessen Liebenswürdigkeit die Mitwirkung der Militärkapelle zu danken war, konnte man ebenfalls auf dem Eise erblicken: das Offizierskorps unserer Garnison war überhaupt stark vertreten.

Echo der Gegenwart, Nr. 26
Mittwoch 2. Februar 1887

Der Tagelöhner Wilhelm H. aus Aachen, welcher schon mehrfach mit den Strafgesetzen in Konflikt gerathen ist, hatte sich wegen zweier Betrügereien und einer Urkundenfälschung zu verantworten. H. trat am 29. September v.J. in das Geschäft des Kaufmanns F. hierselbst und erklärte, er sei von dem Kohlenhändler N. beauftragt: Bleistifte, Wechselformulare u.s.w. abzuholen. Da F. keinen Zweifel in seine Angaben setzte, so händigte er ihm die Sachen im Werthe von 40 Mark aus. Wie sich darauf herausstellte, wusste N. von der ganzen Sache Nichts und hatte auch nicht die Sachen erhalten. Am folgenden Tag trat H. in den Laden des Cigarrenhändlers G. und ersuchte ihn um Aushändigung einer Kiste Cigarren für den Steinmetzmeister K. Als ihm bedeutet wurde, dass er einen Zettel des K. vorlegen solle, ging er davon, kehrte aber nach einer auffallend kurzen Zeit mit einem Bestellzettel, welcher die Unterschrift des K. trug, zurück und verlangte jetzt das Kistchen Cigarren. Da der Verdacht gegen den H. hierdurch nur gesteigert worden war, so musste derselbe ohne die Cigarren von dannen ziehen. Es stellte sich auch alsbald heraus, dass der Bestellzettel von dem K. nicht herrührte. An demselben Tage stellte sich der H. in dem Laden der Firma W. und K. hierselbst als Beauftragter des Ingenieurs St. vor, um für denselben einen Ingenieurkalender und eine Brieftasche im Werthe von 5 M. abzuholen. Er erhielt diese Sachen auch, weil er sehr sicher auftrat. Natürlich waren auch hier seine Angaben nichts als Schwindel. Der Angeklagte gestand die beiden Betrügereien ein, bestritt aber die Urkundenfälschung. Es wurde ihm aber nachgewiesen, dass er den Zettel gefälscht hatte. Er wurde zusätzlich zu einer gegen ihn im Oktober v.J. ausgesprochenen Zuchthausstrafe von 1 Jahr zu einer Zuchthausstrafe von 1 Jahr und 6 Monate verurtheilt.

Der Sammtweber Joseph K. aus Marienberg wurde, weil er gewerbsmäßig unbefugt die Hasenjagd ausgeübt hatte, trotz seines Leugnens zu 3 Monaten Gefängniß verurtheilt.

Aachener Anzeiger, Nr. 27, Morgen-Ausgabe Mittwoch 2. Februar 1887

In der heutigen Sitzung der Stadtverordneten-Versammlung kam der vom Herrn Dr. Lingens gestellte Antrag auf Einführung einer Maskensteuer nochmals zur Verhandlung; wurde jedoch dem Antrag des Polizei- und Finanzkomites entsprechend ohne Widerspruch abgelehnt, was von der Bürgerschaft unzweifelhaft freudig begrüßt werden wird.

Echo der Gegenwart, Nr. 32, Donnerstag 10. Februar 1887

Am 2. d.M. wurden von einem Speicher eines auf dem Kragenofen gelegenen Hauses 5 Tauben gestohlen. Der Polizei gelang es vorgestern, des Diebes habhaft zu werden. Derselbe wurde in Haft genommen und gestern dem Richter vorgeführt.

Am vergangenen Samstag wurde aus einer Wohnung des Hauses Friesenstraße 1 eine goldene Damenuhr nebst goldener Kette gestohlen. Die Uhr hatte die Nummer 67 271; die Kette bestand aus abwechselnd kleinen und großen länglichen Gliedern mit einem runden Befestiger.

Werbeanzeige: „Leichenwagen"

Empfehle meinen ganz renovirten Leichenwagen mit 6 Laternen und Gala-Bock zu den billigsten Preisen. Um ein verehrtes Publikum vor Nachtheil zu schützen, bemerke ich noch, dass ich alle Leichenfahrten, welche direkt an mich und nicht durch einen Leichendiener bestellt werden, 33 1/3% billiger fahre wie bisher. (A. Schoen)

Echo der Gegenwart, Nr. 53, Samstag 5. März 1887

Konzert des Emil Sauer. Am vergangenen Dienstag veranstaltete der jugendliche Virtuos ein Konzert in Barmen, über welches die „Elberfelder Zeitung" in folgender Weise referiert: „Emil Sauer zählt ohne Zweifel zu den hervorragendsten Klaviervirtuosen der Gegenwart. Er ist in unserem Thale längst kein Fremder mehr und so hat denn auch das von ihm veranstaltete Konzert den letzten Winkel des Saales der Concordia mit andächtig lauschenden Zuhörern erfüllt. Was Herr Sauer in der Ausführung der gewählten Werke von Beethoven, Schumann, Chopin, Liszt u.s.w. leistete, grenzt wahr-lich an das Unglaubliche. Er wußte dem prachtvollen ibachschen Flügel das zarteste Piano, das stärkste Forte und überhaupt Tonfarben in so charakteristischem Gepräge zu erzeugen, wie sie unser Ohr nicht oft berühren. Daß der Künstler sich durch seine Darbietungen den lebhaftesten Beifall seiner Zuhörer erwarb, braucht wohl kaum erwähnt zu werden. u.s.w." Diese Zeilen dürften dazu beitragen, dem morgen, Samstag, im Ballsaale

Echo der Gegenwart, Nr. 38, Donnerstag 17. Februar 1887

Großes
Masken-Fest
in den Räumen des
Kurhauses zu Aachen,
Dinstag den 22. Februar 1887, Abends 8 Uhr.

Punkt 11 Uhr:

Umzug der Gruppen des Faschingszuges.

Eintrittskarten à 3 Mark:

Montag von 3—5 Uhr am Elisenbrunnen, Dienstag Abend von 6½ Uhr ab an der Kasse des Kurhauses.
Für Kurhaus-Abonnenten werden nur Montag von 3—5 Uhr Karten mit Preisermäßigung gegen Coupon Nr. 1 ausgegeben.

585

Das Faschingszug-Comité 1887.

des Kurhauses stattfindenden Konzerte des Herrn Sauer das lebhafteste Interesse des Publikums zuzuwenden.

Echo der Gegenwart, Nr. 55,
Dienstag 8. März 1887

Am vergangenen Samstag Nachmittag machte sich auf dem Bahnhof ein Mann in bäuerlicher Tracht in den Taschen von Landfrauen, welche Vormittags hierselbst ihre Waare abgesetzt, den Erlös davon in den Taschen verwahrten, zu schaffen. Sein diebisches Manöver mißglückte jedoch, denn er wurde auf frischer That abgefaßt und zur Polizei befördert wo man in dem so harmlos aussehenden Bäuerlein einen schon häufig mit den Strafgesetzen in Konflikt gewesenen alten Zuchthäusler erkannte.

Echo der Gegenwart, Nr. 69,
Donnerstag 24. März 1887

Wir lesen in den ‚Kölner Nachrichten': Der hiesigen Kriminalpolizei ist es nach vieler Mühe gelungen, eine große Diebesbande, welche seit längerer Zeit die Stadt und die Außenorte unsicher machte, festzunehmen. Nicht weniger als vierzehn Personen von der Bande sind bis jetzt verhaftet. Darunter befinden sich berüchtigte und gefährliche Verbrecher. Die Bande hat verschiedene Einbrüche ausgeführt, in verschiedenen Fällen unter sehr erschwerenden Umständen. Konserven, welche der Bande in die Hände fielen, hatten die Burschen weggeworfen, dagegen verschiedene Kisten theurer Weine bei einem großen Saufgelage auf der mülheimer Heide sich gut schmecken lassen. Gestern wurden 8, heute weitere 6 Personen festgenommen. Unter den

Echo der Gegenwart, Nr. 72, Dienstag 29. März 1887

Grosses Reiterfest
Zum Besten der
Armen von Aachen und Burtscheid.
In der Reitbahn am Boxgraben
veranstaltet
Donnerstag den 31. März,
Abends 8 Uhr,
ein bekannter auswärtiger Sportman unter gefälliger Mitwirkung mehrerer hiesiger Sportfreunde
eine Vorstellung in der
höheren Reitkunst, Pferde-
dressur und Gymnastik.
Eintrittspreis für nummerirte Plätze 6 Mark.
Verkauf der Karten **in beschränkter Zahl** bei **Ahn** im Karlshaus, bei **Baudeneschen** in Alt-Bayern, beim Gesellschaftsdiener der Erholung und bei **Buchholtz** in der Reitbahn selbst. 1030s

Verhafteten befindet sich u.a. der Mann der Ehefrau Cahn, welche in den Schwurgerichtsverhandlungen gegen den Mörder Tillmann Hans eine Hauptrolle spielte, ferner die Frau und die Tochter des in denselben Prozeß verwickelten, aber nach Amerika entflohenen Althändlers Simon. Gegen die Genannten schwebt außerdem eine Untersuchung wegen Diebstahls bzw. Hehlerei eines gestohlenen, sehr werthvollen Brillantschmuckes.

Echo der Gegenwart, Nr. 74,
Donnerstag 31. März 1887

Am Montag Nachmittag hatte der Inhaber einer in der Großkölnstraße belegenen Bierbrauerei das Unglück, von einer am Maischbottich stehenden ca. ½ Meter hohen Treppe herunterzustürzen und einen doppelten Armbruch zu erleiden.

Jakob K. von hier, wurde wegen Forstdiebstahls zu 9 Mk. eventuell 3 Tagen Gefängniß sowie zur Erstattung des Werthes des Entwendeten verurtheilt.

Joseph F. Kesselschmied aus Aachen, war beschuldigt, Singvögel mittels Fallen gefangen zu haben, wurde jedoch mangels genügenden Beweises freigesprochen.

Egidius T. von hier, angeklagt der Steuerdefraude wurde von Strafe und Kosten freigesprochen.

Wegen Schulversäumniß seines Kindes, wurde Hermann G. aus Morsbach zu 2 Mk. eventuell 1 Tag Haft verurtheilt.

Die Dienstmagd Maria M. angeblich aus Paris, erhielt wegen Landstreicherei 14 Tage Haft. Demnächst wird ihre Ueberführung in die Arbeitsanstalt zu Brauweiler stattfinden.

Aachener Anzeiger, Beilage:
Unterhaltungsblatt, Nr. 85, Morgen-
Ausgabe Sonntag 10. April 1887

„So knüpfen an's fröhliche Ende den fröhlichen Anfang wir an". Ist doch dem heiteren Gesellschaftsleben die Frühlingsver-

kündigung mit ihren glücksgewissen, zukunftsfreudigen Tagen voll Sonnenschein so unmittelbar gefolgt, dass übellaunige Aprilschauer kaum noch ernst genommen werden dürfen. Auch die Mode zeigt sich in diesem Jahre früher denn je, und dass man ihre Schöpfungen nicht unbeachtet an sich vorübergehen lässt, dafür sorgen ihre Farben, die lebhafter als bisher, die Aufmerksamkeit auf sich zu lenken wissen. Auffällig erscheint die Spielerei mit dem Karreau, das sich bald mit vorlauten Farben und groß angelegten Muster in den Vordergrund drängt, bald äußerst diskret in zwei Tönen derselben Farbe zwischen Sammet- oder Atlasstreifen einer kräftigeren Nüance erst entdeckt sein will. Diese Verschiedenartigkeit wird es erklären, dass man kleine Karreaumuster mit großmustrigen, in denen die Grundfarben harmoniren zu einer Toilette verwendet. Augenblicklich wird das Auge verwirrt von all den karrirten, brochirten, punktirten, gestreiften, gestickten, geblümten und aus 2 bis 3 Musterarten zusammengesetzten Dessins, welche zwar zum Theil in den unbestimmten Tönen von Mastik gehalten wird, aber der vorherrschenden Neigung folgend, mit frischen, kräftigen Farben belebt werden. Rechnet man hierzu die Verschiedenartigkeit der Sammete , Wollen- und Seidenstoffe, Spitzen, Perlen und Passementerien, welche der Promenadentoilette als Besatzartikel ausnahmelos tributpflichtig bleiben, so bedarf es wohl kaum noch der Versicherung, daß die Qual bei der Wahl zunimmt.

Echo der Gegenwart, Nr. 84,
Mittwoch 13. April 1887

Das prächtige Osterwetter hatte einen kolossalen Fremdenverkehr zur Folge. Alles, was nur irgendwie abkömmlich war, enteilte dem gewohnten Getriebe, um an den beiden schönen Tagen bei den auswärtigen Freunden und Bekannten oder auf hübschen Ausflügen sich zu erholen.

Die Morgens in der Frühe abgehenden und Abends ankommenden Züge waren außerordentlich stark besetzt. Auch unsere Stadt erfreute sich zahlreichen Fremdenbesuchs. Wer nicht in die Ferne eilen konnte, verließ wenigstens das Weichbild der Stadt, und so konnte es denn nicht fehlen, dass die uns umgebenden Ausflugspunkte mehr oder weniger stark besucht waren. Der „Aachener Busch" fand ebenfalls bereits eifrigen Zuspruch, damit aber auch den ersten diesjährigen Brand, welcher zweifellos durch Unvorsichtigkeit angefacht, bei der Trockenheit und dem starken Winde eine ziemliche Ausdehnung nahm, ehe er gelöscht wurde.

Echo der Gegenwart, Nr. 85,
Donnerstag 14. April 1887

Burtscheid. Eine Warnung für junge Mädchen, welche sich in fremden Dienst u.s.w. begeben, enthält folgenden Vorfall, welcher gestern hier seinen Abschluß fand und begreiflicher Weise das Tagesgespräch bildete. Vor einiger Zeit reiste ein 16jähriges Mädchen, welches in Unterbarmen in Dienst gestanden, nach Mühlheim a.d. Ruhr zu seinen Eltern. Unterwegs gesellte sich eine gutgekleidete Dame zu demselben und bot ihm unter den weitgehendsten Versprechungen eine schöne und angenehme Stellung an, unter der Bedingung, daß dieselbe sofort angetreten werde. Das Mädchen ließ sich denn auch durch die schönen Worte überreden, sofort mitzureisen. Die „Dame" bezahlte das Fahrgeld, und so gelangten sie Abends nach einer längeren Fahrt an der Sieg an, woselbst das arme betrogene Geschöpf sich einer – Komödiantengesellschaft ausgeliefert sah. An ein Entkommen war nicht zu denken, da das Mädchen wie ein Hund an eine Kette gelegt und gefesselt wurde! Durch Hunger und Schläge wurde sie dann für ihren künftigen Beruf als „Artistin" präpariert, nach den Vorstellungen aber wieder in

strenge Bewachung genommen. Später ließ man ihr allerdings etwas mehr Freiheit, da man sich bezüglich derselben sicher glaubte, und so musste sie dann mit der von einem Ort zum anderen vagabundirenden „Künstlergesellschaft" herumziehen. Da das Mädchen hier einen Vetter bei dem Infanterieregiment hatte, so benutzte es eine sich ihm darbietende Gelegenheit, diesem von seiner Lage unterrichten zu lassen. Mit Hülfe der Polizei gelang es denn auch dem Militär dem Mädchen die Freiheit zu verschaffen. Eine exemplarische Strafe ist dem „Impressario" gewiß zu gönnen.

Echo der Gegenwart, Nr. 89,
Dienstag 19. April 1887

Am 19. Januar wurden der Ehefrau A. zu Bardenberg verschiedene Wäschestücke von der Bleiche gestohlen. Der Verdacht der Thäterschaft lenkte sich auf den Bergmann Franz B. aus Birk, dessen Ehefrau die Wäsche gewaschen, während man ihn in der Nähe der A.schen Grundstücke gesehen hatte, zumal er bereits mehrfach wegen Verwechslung der Begriffe von Mein und Dein bestraft war. Bei einer in seiner Wohnung vorgenommenen Haussuchung fand man auch richtig die gestohlenen Wäschestücke vor; aus denselben waren jedoch bereits die Namenszeichen herausgeschnitten worden. B. welcher sich wegen Diebstahls im Rückfall zu verantworten hatte, bestritt die Beschuldigung und behauptete, die Sachen gefunden zu haben. Sein früheres Geständniß suchte er recht naiv damit aus der Welt zu schaffen, daß er erklärte, er sei mißverstanden worden. Das Urtheil lautete auf 9 Monate Gefängniß.

Der Tagelöhner Phillip Z. aus Aachen wurde wegen Vornahme unzüchtiger Handlungen mit einem kleinen Mädchen zu 7 Monaten Gefängniß verurtheilt.

Echo der Gegenwart, Nr. 100,
Sonntagsausgabe 1. Mai 1887

Am kommenen Sonntag den 1. Mai, beginnt hier in Aachen die Kursaison. Mit ihr werden auch die üblichen Konzerte am Elisenbrunnen und Kurhausgarten wieder ihren Anfang nehmen. Das Eröffnungskonzert wird durch das liebenswürdige Entgegenkommen des Herrn Obersten Henke von der Kapelle unseres Regiments gespielt werden. Von demselben Tage ab wird auch der übliche und bequeme Extrazug Aachen-Ronheide Nachmittags um 3 Uhr, vom rheinischen Bahnhof ab, wieder eingelegt werden. – In Burtscheid beginnt die Kursaison am Sonntag den 15. Mai.

Aachener Anzeiger, Nr. 104, Abend-
Ausgabe Mittwoch 4. Mai 1887

Die Frühjahrsbesichtigung der Droschken hat heute Morgen von 7 Uhr an auf dem Theaterplatze stattgefunden. Das Resultat war ein solches, daß selbst der anwesende Herr Polizeidirektor nichts auszusetzen hatte. Unsere Stadt besitzt einen Bestand an Droschkenfuhrwerken der hinsichtlich der eleganten Wagen und hübschen Pferde nichts zu wünschen übrig läßt und dessen sich in gleicher Güte nur wenige Städte rühmen können.

Echo der Gegenwart, Nr. 105,
Sonntagsausgabe 8. Mai 1887

J.H., 13 Jahre alt, vorbestraft, und M. Th., ebenfalls 13 Jahre alt, aber noch nicht bestraft, hatten gemeinschaftlich 1. einen Geldbetrag von einer Mark, und 2. eine Wurst im Werthe von M. 1.30 gestohlen, außerdem war der Erstere des Diebstahls einer Häringstonne beschuldigt. Er erhielt eine Gesammt-Gefängnißstrafe von 1 Woche und 2 Tage Haft, auch wurde auf Antrag die Unterbringung in eine Besserungsanstalt genehmigt. Der zweite Angeklagte erhielt als Strafe 2 Tage Gefängniß und 1 Tag Haft.

Echo der Gegenwart, Nr. 113,
Mittwoch 18. Mai 1887

In eine in der Pontstraße belegene Gastwirthschaft trat gestern Abend eine Frauensperson und fragte um Nachtlogis welches ihr auch gewährt wurde. Heute Morgen nun gegen 3 Uhr wurde dieselbe von einem Kind entbunden, und bald darauf ward bemerkt, dass sie das Kind einer vor der Thür wartenden anderen Frauensperson übergab, sie selbst aber, als wenn nichts passirt wäre, in einer Nebenstraße verschwand.

Der Kutscher eines Milchkarrens, welcher gestern morgen auf der Komphausbadstraße an der gefährlichen Ecke der Peterstraße einem Pferdebahnwagen die streng vorgezeichnete Bahn freigeben wollte, gerieth hierbei an einen mit Mineralwasser beladenen Karren; dieser stürzte um, und die in die Flaschen gebannten kohlensauren „Geister" wurden frei. Für den Schaden wird sich der Betroffene wohl hauptsächlich an die force majeure zu halten haben.

Echo der Gegenwart, Nr. 127,
Sonntagsausgabe 5. Juni 1887

Das Symphoniekonzert vom vorigen Freitag brachte Bernetts Ouvertüre zu den „Najaden", das Vorspiel zu „König Manfred" von Reinecke und Mendelssohns' a-dur-Symphonie, welche Werke unter Herrn Winkelhaus' Leitung zu recht befriedigender Wiedergabe gelangten. Einen schönen und verdienten Erfolg trug die Klaviervirtuosin, Fräulein Henriette Zeyers-Beeckens aus Köln mit dem g-moll-Konzert von Saint Saëns, einem Noctorne von Chopin, einer Gavotte von Bach=Saint Saëns, der 6. Rhapsodie von Liszt und einem auf allgemeines Verlangen als Zugabe gespendeten Lied ohne Worte von Mendelssohn, davon.

Für die bevorstehenden Sommermonate sei der „Aachener Kaiserbrunnen" , aachener Thermalwasser kohlensaurer

Füllung, dessen Hauptvertrieb sich bekanntlich in den Händen der „Aachener Thermalwasser (Kaiserbrunnen) Aktiengesellschaft", Rudolphstraße 17 hierselbst, befindet, als ein erfrischendes Getränk nur bestens empfohlen. Das aachener Thermalwasser kohlensaurer Füllung

Echo der Gegenwart, Nr. 126, Sonntag 12. Juni 1887

Lousberg.

Sonntag, den 12. Juni 1887, Abends 7½ Uhr:

Grosse Réunion,

unter Benutzung des neuen Aussichts-Plateaus.

Illumination, bengalische Beleuchtung und Doppel-Concert. Entree M. 1,—. Freies Entree für Kurhaus-Abonnenten gegen Vorzeigung der Abonnementskarten und Abgabe des Coupons Nr. 9.;

Das Mitbringen von Hunden ist, wie überhaupt bei allen vom Kur-Comité veranstalteten Réunions namentlich auch auf dem Lousberg, untersagt.

17895   **Das Kur-Comité.**

Zoologischer Garten.

Sonntag den 12. Juni 1887, Nachmittags von 4–6 Uhr:

Concert

der Westerop'schen Kapelle.

Entree 50 Pfg. Freies Entree für Aktionäre und Abonnenten.

Der Vorstand.

Zoologischer Garten.

Unsern Aktionären und Abonnenten zeigen wir hierdurch ergebenst an, daß wir den Garten nebst Lokalitäten für **Mittwoch den 15. Juni von Nachmittags 5 Uhr ab** dem Offizier-Corps 5. Westf. Inf.-Reg. Nr. 53 vermiethet haben. (cfr. Zusatz zu Art. 11, Absatz 2, der Statuten.)

Der Vorstand.

ist sowohl beim Genusse von Speisen als Tischgetränk, wie auch bei anstrenden Fußtouren, bei Erhitzungen u.s.w. von vorzüglicher Wirkung. Besonders seien noch hierorts weilenden Fremden auf dasselbe aufmerksam gemacht. Der „Kaiserbrunnen" kann, wie man aus den betreffenden Annoncen ersehen wird, in ganzen und halben Flaschen sowie auch in Kugelflaschen, deren Preis sämmtlich sehr niedrig gestellt sind, bezogen werden.

Echo der Gegenwart, Nr. 132, Sonntagsausgabe 12. Juni 1887

Im Interesse der Besucher des heutigen Abendfestes auf dem Lousberg glauben wir darauf aufmerksam machen zu dürfen, dass nach Beendigung des Festes, also nach 10 Uhr, noch Pferdebahnwagen an der Lousbergstraße bereit stehen werden.

Gegen 6 ½ Uhr vorgestern Abend schloss sich ein zehnjähriger Schulbube auf dem Templergraben in ein Geschäftshaus und stattete der Ladenkasse einen „Besuch" ab. Er hatte aber kein Glück, denn er wurde sofort ertappt und der Polizei überliefert, nachdem ihm einiges Geld abgenommen war.

Vorgestern Nachmittag zwischen 4 und 5 Uhr wurde am Fuße des Salvatorberges auf Veranlassung zweier Herren ein stark angetrunkener Mann festgenommen, welcher daselbst Kinder zu Unsittlichkeiten zu verleiten gesucht hatte. Derselbe wurde dem Amtsgericht vorgeführt.

Aachener Anzeiger, Nr. 137, Morgen-Ausgabe Donnerstag 16. Juni 1887

Der Kurverein welcher im vorigen Jahr in Folge seiner gut besuchten Sommerbälle ein regeres Leben entwickelt hatte, beabsichtigt auch in diesem Jahre seinen Mitgliedern wie auch den Fremden unserer Stadt verschiedene Festlichkeiten zu bereiten. Es sollen die üblichen Ballkränzchen alle 14 Tage, ebenso ein hübscher Schlußball arrangirt werden. Außerdem wird das Vergnügungkomite die Sorge für mehrere Ausflüge übernehmen, wie dies vor einigen Jahren, z.B. mit einer Tour nach Maastricht und zu der bei dieser Gelegenheit mit tausenden Flammen illuminirten Petershöhle geschehen ist. Da dieser Ausflug ganz besonders gefallen hat, soll am 3. oder 10. Juli eine gleichartige Fahrt nach Maastricht ausgeführt und später vielleicht eine Partie in unsere benachbarte Eifel unternommen werden, wobei den Mitgliedern des Vereins Vergünstigungen zu Theil werden. Bei diesem Anlaß mag auch noch hier erwähnt sein, daß die Einladungen, welche im vorigen Jahr für die Sommerbälle beliebt wurden, für die Folge nicht mehr stattfinden werden. Es soll viel mehr der Besuch der Bälle nunmehr den Fremden und den Mitgliedern des Kurvereins gestattet sein. Denjenigen Familien welche die Ballkränzchen besuchen wollen, kann daher nur empfohlen werden, sich in den Verein aufnehmen zu lassen. Anmeldungen nimmt der Herr Kurinspektor entgegen.

Echo der Gegenwart, Nr. 139, Dienstag 21. Juni 1887

Das gestrige Bockbierfest im „Zoologischen Garten" hatte, wie die früheren Veranstaltungen dieser Art, auf das Publikum eine große Zugkraft ausgeübt. Zu verwundern war dies keineswegs, da solch ein Bierfest zu abendlicher Stunde in einem so reizenden und in so üppigem Wachsthum begriffenen Garten, wie es der genannte ist, hat immer etwas Gemüthliches, man möchte sagen Familiäres. Zudem war der Tag heiß,und da sehnt sich alles nach einem kühlen Trunk. Wohl denen die ihren Durst bis zur Stunde des Bockbierfestes aufgespart hatten. Denn ein gar liebliches, verlockendes Getränk, direkt vom Faß gezapft, harrte ihrer dort. Nach Sonnenuntergang machte sich

eine gewisse Kühle fühlbar, aber die Festtheilnehmer, zumal diejenigen männlichen Geschlechts, blieben ihrerseits dagegen kühl, das heißt: sie tranken ruhig weiter, treu dem Spruche, dass der Deutsche immer noch eins trinkt, bevor er aufhört.

Am vorigen Freitag, Mittags gegen 12 Uhr, wurde ein 16jähriges Mädchen von einem Butter- und Käsewagen, welcher in starker Gangart die Straße passirte, erfasst und zu Boden geworfen, wobei dasselbe an der linken Schulter und am linken Beine leichte Verletzungen davon trug. Der Fuhrknecht wird sich daher nicht nur wegen zu schnellen Fahrens, sondern auch wegen Körperverletzung zu verantworten haben.

Echo der Gegenwart, Nr. 155, Sonntagsausgabe 10. Juli 1887

Eine Menagerie ist in dem zoologischen Garten eingezogen, so dass dieser jetzt seinen Namen mit Recht trägt. Nicht weniger als 17 Löwen, mehrere Elephanten, Tiger, Leoparden, Bären, Wölfe, und sonstige seltene wilde Thiere in großer Zahl sind vertreten, so dass ein Besuch dieser Thierausstellung durchaus lohnend erscheint. Namentlich für Schulen dürfte der Besuch der Menagerie zu empfehlen sein, da den Kindern hier Gelegenheit geboten ist, die Thiere die sie seither nur aus Schilderungen und bildlichen Darstellungen kannten, in Wirklichkeit zu sehen.

J.H.H. aus Belgien hatte den Zoll für ein Pferd im Betrage von 20 M. umgangen. Außer der Confiskation des Pferdes wurde er zu einer Geldstrafe von 80 M. ev. 26 Tagen Haft verurtheilt.

H.B. aus A. hatte vorsätzlich einen Aushängeschild durch Farbenanstrich verunstaltet, und der Schustergeselle J.T. aus B. ihm dabei Hülfe geleistet. H.B. erhielt dafür eine Geldstrafe von 24 M. event. 8 Tage Gefängniß und J.T. eine solche von 112 M. event. 4 Tage Gefängniß zuerkannt.

H.M. aus Kl. war beschuldigt, in den letzten drei Monaten den unerlaubten Ausschank von Getränken ausgeübt und am 19. April eine öffentliche Tanzmusik ohne Erlaubniß abgehalten zu haben. Für den unerlaubten Wirthschaftsbetrieb wurde er mit 50 Mark event. 14 Tage Haft und für die eigenmächtig abgehaltene Tanzmusik mit 5 Mark event. 2 Tagen Haft bestraft.

Echo der Gegenwart, Nr. 160, Samstag 16. Juli 1887

Wie im gestrigen Blatte mitgetheilt wurde, sollen am Sonntag verschiedene Punkte unserer Stadt und deren Umgebung durch elektrisches Licht (nicht bengalisches) beleuchtet werden. Die Versuche dazu wurden Donnerstag Abend von dem auf dem Pontdriesch gelegenen „deutschen Elektrizitätswerke" der Firma Garbe, Lahmeyer & Cie. angestellt, was eine nach Hunderten zählende Zuschauermenge herbeigelockt hatte. Der mit einer Plattform und Gallerie versehene Thurm, der auf dem Dache des genannten Gebäudes errichtet ist, kommt denjenigen, welche die Beleuchtung auszuführen haben, zu Statten.

Gestern fand auf dem Lousberge das angekündigte Konzert der hiesigen Regimentskapelle zu Gunsten des „Invalidendank" statt. Bedauerlicher Weise war das Publikum nur wenig zahlreich vertreten, was wohl in der Unsicherheit der Witterung seinen Grund gehabt haben mag. Wenn aber Manche geahnt hätten, wie angenehm der Aufenthalt auf der Esplanade nach dem erfrischenden Gewitterregen war, so würden sie doch wohl dem Konzerte angewohnt haben, zu dem Herr Kapellmeister Granzow ein exquisites Programm aufgestellt hatte, welches in allen Theilen mustergültig zur Ausführung gebracht wurde. Namentlich die zweite Abtheilung brachte einige Sachen, die man sonst selten zu hören bekommt, wie das Vorspiel zu „Parsival" und Gounods „Frühlingslied". Auch die Selektion aus der englischen Modeoperette „The Mikado" war passend gewählt. Das schöne Konzert hätte eine größere Zuhörerschaft verdient, besonders da ein so edler Zweck damit verbunden war.

Echo der Gegenwart, Nr. 161, Sonntag 17. Juli 1887

Kurhaus in Aachen.

Sonntag den 24. Juli 1887, Abends 7½ Uhr,
im festlich erleuchteten Garten,
(bei ungünstiger Witterung im großen Saale):

CONCERT

21446

zum Benefz des städtischen Kur-Orchesters unter Leitung des Konzertmeisters Herrn

M. Winkelhaus.

Subscriptionspreis M. 1. — Kassenpreis M. 1.50.

Echo der Gegenwart, Nr. 167, Sonntag 24. Juli 1887

Rennen zu Aachen
auf der großen Brander Haide.

Sonntag, den 31. Juli
und Montag, den 1. August 1887,
Nachmittags 4 Uhr.

Erster Tag.

  I. Steeple-Chase. Preis 600 M.
 II. Steeple-Chase. Preis 800 M.
III. Verloosungs-Hürden-Rennen. Preis 1200 M.
 IV. Steeple-Chase. Preis 1000 M., gegeben von einem Freunde des Sports, nebst Ehrenpreis der Damen.

Zweiter Tag.

  I. Preis vom Brand. Steeple-Chase. Preis 900 M.
 II. Hürden-Rennen. Preis 700 M.
III. Verkaufs-Steeple-Chase. Preis 900 M.
 IV. Rheinische Steeple-Chase. Preis der Stadt Aachen 1200 M. und 300 Mark vom Verein.

Extrazüge werden nach und von dem Rennplatze abgelassen, worüber Näheres bekannt gemacht werden wird.

21966

Das Direktorium
des Aachener Renn-Vereins.

Echo der Gegenwart, Nr. 179,
Sonntagsausgabe 7. August 1887

Jos. S. von hier wurde für überführt erklärt, den Schutzmann N. durch die Worte „Lump" u.s.w. öffentlich beleidigt zu haben. Er wurde in eine Geldstrafe von 6 Mark event. 2 Tage Haft kostenfällig genommen; auch wurde dem Beleidigten die Befugniß zugesprochen, den bezüglichen Theil der Urtheilsformel binnen 6 Wochen einmal im „Öffentlichen Anzeiger" auf Kosten des Angeklagten bekannt machen zu lassen.

Leopold G., Metzger aus B. war beschuldigt, durch Vorspiegelung von falschen Thatsachen das Vermögen der Ehefrau B. zu Aachen geschädigt zu haben. Er wurde für überführt erklärt und in eine Geldstrafe von 15 Mark event. 15 Tagen Gefängniß kostenmäßig verurtheilt.

Echo der Gegenwart, Nr. 186
Dienstag 16. August 1887

Das gestern von dem Vorstand der Gewerbeausstellung veranstaltete Abendfest hatte eine förmliche „Völkerwanderung" zur Folge. Der Besuch von Seiten der Einheimischen und der Auswärtigen war ein derartiger, daß ein Cirkuliren in den Hallen nicht nur fast unmöglich war, sondern man sich freuen musste, nur ein Stehplätzchen erobert zu haben, um den Klängen des Musikvereins der Stolberger Spiegelmanufaktur lauschen zu können. Zu entscheiden, ob dieser seltene Besuch der Ausstellung oder den Konzertgebern galt, sind wir nicht im Stande. Ist der Beifall, mit welchem die Leistungen dieser vortrefflichen Arbeiterkapelle unter Leitung ihres bewährten Dirigenten, des Herrn Leo Hoesch, aufgenommen wurden, maßgebend, so erscheint es nicht zweifelhaft, dass sie die Hauptanziehungskraft gebildet hat.

Das aus zehn Nummern bestehende Programm war sehr glücklich gewählt: vor Allem waren es die Märsche, das Popourri aus Stradella sowie der „Husarenritt" von Spindler, die ungemein ansprachen. Was diese aus vierzig Personen bestehende und sehr exakt eingeübte Musikerschaar zu leisten im Stande ist, das hat sie bekanntlich bereits bei unserem Wettstreit im Jahre 1883 erwiesen; wurde ihr doch damals der erste Preis in der VII. Abtheilung zuerkannt. Sowohl an Schwung, Kraft und Energie, wie an Nüancirung und Präzision im Zusammenspiel hat die Kapelle seitdem wieder ganz bedeutende Fortschritte gemacht, was um so höher angeschlagen werden muß, als wir es hier nicht mit Musikern von Fach, sondern durchweg mit einfachen Arbeitern zu thun haben, welche ihre Mußestunden der holden Musika widmen. Welch günstigen Einfluß solche edlen Zerstreuungen auf die Gemüther auszuüben pflegen, welch schöne Wechselwirkung dieselbe zwischen Arbeitgeber und Arbeitnehmer hervorrufen, davon legte einerseits die Disziplin, andererseits der freundliche Verkehr zwischen den beiden genannten Faktoren auch gestern Abend wieder ein wohlthuendes Zeugniß ab. Wir sind überzeugt, ganz im Sinne des zahlreich versammelten Publikums zu sprechen, wenn wir der Verwaltung der Stolberger Spiegelmanufaktur für ihr so freundliches und lobenswerthes Entgegenkommen, sowie der Kapelle für den bereiteten Genuß hiermit den Dank aller Anwesenden mit aller Herzlichkeit zum Ausdruck bringen.

Die Gewerbeausstellung war, um dies noch speziell zu vermerken, gestern insgesammt von 2800 Personen besucht; 1800 waren allein im Konzerte anwesend.

Echo der Gegenwart, Nr. 192
Dienstag 23. August 1887

In der althergebrachten Weise zog gestern Morgen kurz nach 9 Uhr aus der St. Foilanskirche unter sehr starker Betheiligung die Bittprozession zur Münsterkirche, um dem Gelübde unserer Vorfahren nachzukommen und Gott durch Gebet und Opferung zweier Kerzen zu bitten, die großen Gefahren der Erdbeben von uns fernzuhalten.

Die Prozession, an der sich auch der Kirchenchor unter Absingung herrlicher Psalmen betheiligte, nahm den Weg durch die Krämerstraße, Markt, Klostergasse zum Münster. Nach dem feierlichen Hochamte daselbst kehrten die frommen Beter durch die Ursuliner=, Edelstraße, über den Hof zur Foilanskirche zurück.

Echo der Gegenwart, Nr. 215, Sonntag 18. September 1887

Kurhaus in Aachen.

Sonntag, den 18. September 1887, präzise 6 Uhr Abends:

Grosses Concert

des Männer-Gesang-Vereins „La Legia" aus Lüttich,

unter gefälliger Mitwirkung von Frau **Pyck-Wery** (Gesang); Fräulein **Leonie Bodson** (Klavier); Herr **J. Davreux** (Gesang); Herr **J. Hermann**, Professor am Königl. Konservatorium zu Lüttich (Klavierbegleitung).

Dirigent: Herr **Dupuis**, Professor am Königl. Konservatorium zu Lüttich.

Entree M. 2.— Für Kurhaus-Abonnenten und Inhaber von Kurtaxkarten M. 1.— gegen Abgabe des Coupons Nr. 30.

Aachen.

Mittwoch, den 21. September 1887, Nachmittags 3½ Uhr:

Monstre-Concert

auf dem Lousberg,

ausgeführt von sämmtlichen Infanterie-Kapellen und dem Kavallerie-Trompeter-Corps der 16. Division, unter Mitwirkung der betreffenden Spielleute mit theilweiser Begleitung von Kanonen- und Gewehr-Feuer.

Eintrittskarten à 1 Mark sind von heute ab im Büreau des Kurhauses bis Mittwoch, den 21. ds. Mts., Mittags 12 Uhr, zu haben. Kassapreis von da ab M. 1,50.

Preis des Programms, Commentar zum Tongemälde „Die Schlacht bei Gravelotte" enthaltend, 10 Pfg.

Der ganze Reinertrag wird zu Wohlthätigkeitszwecken verwandt.

2709h   **Das Oberbürgermeister-Amt.**

Nachmittags gegen 3 ½ Uhr zog aus St. Nikolaus ebenfalls eine zahlreiche Prozession zu Ehren des hl. Rochus nach dem Kapellchen in der Bergstraße, um hier die Fernhaltung ansteckender Krankheiten zu erflehen. Wie immer, wurden auch diesmal wieder zwei große Kerzen aus dem Kapellchen nach der Pfarrkirche von St. Nikolaus verbracht und hier geopfert.

Echo der Gegenwart, Nr. 200,
Donnnerstag 1. September 1887

Die Fuhrleute W.K. und Josef R. aus Holland waren angeklagt, mit ihren Fuhrwerken die Straße gesperrt zu haben, in Folge dessen ein Zusammenstoß stattfand und ein mit Kohle beladenes Fahrzeug in den Straßengraben stürzte. W.K. erhielt deshalb eine Geldstrafe von 5 Mk. event. 2 Tage Haft, während Josef R. von Strafe und Kosten freigesprochen wurde.

Ein Zuhörer, welcher dreimal während der Eidesleistung von Zeugen durch lautes Sprechen Störung verursacht hatte, wurde mit einer Geldstrafe von 2 Mk. event. 1 Tag Haft bestraft.

P.C., Droschkenbesitzer von hier, hatte gegen 2 Strafbefehle von zusammen 6 Mark wegen Nichtgestellung von Droschken auf dem Rhein. Bahnhofe Einspruch erhoben. Derselbe wurde jedoch verworfen.

Echo der Gegenwart, Nr. 206,
Donnerstag 8. September 1887

Das gestrige Symphoniekonzert fand diesmal durch unvorhergesehene Umstände ohne solistische Mitwirkung statt. Trotzdem hatte sich ein zahlreiches Publikum zu demselben eingefunden, ein Beweis wie beliebt diese Veranstaltungen sind. Trotz der zahlreichen Lücken, welche das Orchester aufwies, gelangten die aufgeführten Werke, Dank der energischen und verständigen Leitung des Herrn Musikdirektors Schwickerath, in befriedigender Weise zur Wiedergabe. Dies gilt namentlich von der Freischütz-Ouvertüre, welche wie alle weberschen Ouvertüren, das Publikum von vornherein in eine animirte Stimmung zu versetzen pflegte, von der zur „schönen Melusine" von Mendelssohn, sowie von Reineckes Vorspiel zu „Manfred" welche an Stelle des Entr' acte von Schuberts „Rosamunde" gesetzt wurde. Weniger gelungen war die Aufführung von Beethovens Bdur-

Symphonie und namentlich des Adagio, wobei oben erwähnte Lücke und etwas Zerstreuung seitens der Aufführenden sich sehr bemerkbar machten.

Ein Reisender der wegen augenblicklichen Platzmangels in der auf seinem Billet verzeichneten Klasse in eine höhere verwiesen wird, hat nicht dadurch ein Anrecht auf dieselbe während der Dauer der Reise. Er muß vielmehr in seine Klasse zurückkehren, sobald er dazu aufgefordert wird.

Echo der Gegenwart, Nr. 211,
Mittwoch 14. September 1887

Das Ende der Sommersaison macht sich auch im Sommerprogramm der burtscheider Kur- und Badeverwaltung geltend; mit dem nächsten Samstag fallen die Morgenkonzerte im Kurgarten aus.

Echo der Gegenwart, Nr. 221,
Sonntagsausgabe 25. September 1887

In eine Geldstrafe von 20 Mark event. 5 Tagen Haft wurde der Rentner L. aus A. genommen, weil er den Eisenbahnschaffner R. durch Schimpfworte beleidigt hatte.

Die Dienstmagd A. L. von B. war angeklagt ihrem Brodherrn dem Schumachermeister K. zu Aachen einen Geldbetrag von 70 Mark sowie ein Paar Zugschuhe entwendet und der Frau G. Strickwolle zu einem Paar Strümpfe vorenthalten zu haben. Sie wurde nur der zweiten Beschuldigung für überführt erachtet und in eine Gefängnißstrafe von 14 Tagen verurtheilt, welche durch bereits erlittene Vorhaft als verbüßt erachtet wurden; von dem übrigen aber freigesprochen.

Die Wittwe Jakob W. und der Buchdrucker B.W. aus Aachen waren der Pfandverschleppung beschuldigt. Letzterer wurde für überführt erkärt und zu 3 Tagen Gefängniß verurtheilt, die Erstere hingegen von Strafe und Kosten freigesprochen.

Echo der Gegenwart, Nr. 224,
Donnerstag 29. September 1887

Telegraphischer Börsenbericht d. Echo d. Gegenwart.

Berlin. Kassa-Kurse. September.

	27.	28.
Fonds.		
Deutsche Reichsanleihe	106 75	106 90
4% Preußische Consols	106 40	106 25
3½% Preußische Consols	100 25	100 25
5% Italienische Rente	98 —	98 10
4% Oesterreichische Goldrente	91 25	91 25
4⅕% " Papierrente	65 75	65 60
4⅕% " Silberrente	66 75	66 80
5% Rumänische amort. Rente	93 75	93 75
4% Russische 1880er Anleihe	80 50	80 30
5% " 1884er Anleihe	94 35	94 40
5% " Orient-Anleihe III.	54 50	55 50
4% Ungarische Goldrente	81 10	81 30
5% " Papierrente	70 60	70 75
Eisenbahnen.		
Aachen-Mastrichter Eisenbahn-Stamm-Akt.	— —	50 —
Dortmund-Gronau-Entscheder " "	74 25	74 60
Galizische Carl-Ludwigsbahn- " "	87 50	88 —
Gotthard-Eisenbahn- " "	104 90	
Lübeck-Büchener Eisenbahn- " "	159 40	159 25
Mainz-Ludwigshafener Eisenb.- " "	97 70	97 —
Marienburg-Mlawaer " "	57 75	59 10
Mecklenb. Friedr.-Franz-Bahn- " "	134 25	137 25
Oesterr. Staatsbahn (Franzosen)	372 50	376 —
" Südbahn (Lombarden)	— —	149 50
Ostpreußische Südbahn-Stamm-Aktien	73 —	75 —
Banken.		
Aachener Diskonto-Gesellschaft	105 75	105 75
Berliner Handels-Gesellschaft	156 90	157 —
Darmstädter Bank-Aktien	137 60	137 60
Deutsche Bank-Aktien	163 25	163 40
Deutsche Reichsbank-Antheile	136 75	135 —
Diskonto-Kommandit-Antheile	196 25	196 30
Essener Kredit-Aktien	103 50	103 75
Luxemburger Internationale Bank-Aktien	139 50	139 50
Oesterreichische Kredit-Aktien	459 —	459 50
Schaaffhausensche Bank-Aktien	91 30	91 40
Industrie-Papiere.		
Aachen-Höngener Bergwerks-Aktien	20 60	20 50
Arenberger Bergbau-Aktien	146 90	146 90
Bochumer Gußstahl-Aktien	141 50	143 —
Bonifacius Bergwerks-Aktien	57 —	56 75
Dortmunder Union-Stamm-Aktien	71 —	71 50
Eschweiler Bergwerks-Aktien	52 —	51 90
Gelsenkirchener Bergwerks-Aktien	109 75	110 —
Hibernia und Shamrock Bergwerks-Aktien	94 10	94 90
Kölner Bergwerks-Aktien	108 —	108 —
König Wilhelm Bergwerks-Aktien	13 —	13 50
Königs- und Laura-Hütte-Aktien	86 25	86 75
Louise Tiefbau-Bergwerks-Aktien	68 25	68 —
Mechernicher Bergwerks-Aktien	225 —	225 —
Phönix Lit. A Aktien	76 75	77 75
Rhein.-Nassauische Bergwerks-Aktien	87 —	89 50
Stolberger Zink. Stamm-Prior.	109 40	108 50
Wurmrevier-Aktien	76 60	76 75
Große Berliner Pferdebahn-Aktien	264 10	264 90
Wechsel und Noten.		
Wien kurz	162,30	162,35
" lang	161,30	161,55
Oesterreichische Banknoten	162,70	162,60
Russische Banknoten	180,60	180,80

Allgemeine Tendenz: fest Schluß: still.
Privatdiskont 2¾

Echo der Gegenwart, Nr. 225,
Freitag 30. September 1887

Das berühmte heckmannsche Quartett wird am 6. Oktober in unserer Stadt eine Kammermusiksoiree veranstalten, die bei der freundlichen Aufnahme, welche die Künstler bei ihren früheren Besuchen stets gefunden, dem glänzenden Ruf, den sie sich durch ihre vom großartigsten Erfolge gekrönte Touren in England, Italien, Oesterreich u.s.w. erworben, einer besonderen Empfehlung nicht mehr bedarf. Das heckmannsche Quartett nimmt heutzutage in der musikalischen Welt eine der höchsten Stellungen auf dem Gebiete der ausübenen Kunst ein. Dasselbe hat im Zusammenspiel eine Stufe der Vollendung erreicht, welche kein anderes auch nur im Entferntesten zu bieten vermag. Hierzu kommt der Umstand, dass jeder der vier Künstler ein Meister auf seinem Instrument ist. Die seltene Virtuosität, mit welcher dieses Quartett namentlich die schwierigen letzten Quartette Beethovens und die eines Schubert, Schumann, Brahms u.s.w. ausführt, erregt überall die größte Bewunderung. Alle Kritiker sind darin einig, dass ein höherer und reinerer Kunstgenuß als, den die trefflichen Künstler gewähren, kaum denkbar ist. Wie wir vernehmen, soll das Programm vom nächsten Donnerstag aus folgenden Werken zuammengestellt sein: Schumanns A-dur-Quartett. Schuberts Variationen aus dem D-moll-Quartette. Beethoven, Op. 59, Nr. 3 und voraussichtlich das neueste Werk von Brahms: dessen Klaviertrio, in welchem Herr Schwickerath den Klavierpart übernehmen wird. Bei einem solchen genußverheißenden Abend kann eine rege Theilnahme nicht in Zweifel gezogen werden.

Echo der Gegenwart, Nr. 245, Sonntag 23. Oktober 1887

Donnerstag, den 27. Oktober 1887   3112q
im Concertsaale des Kurhauses: Erstes städtisches

Abonnements-Concert

unter Mitwirkung des Klaviervirtuosen Herrn Eugen d'Albert und unter Leitung
des städtischen Musikdirektors Herr Eberhard Schwickerath.

Programm.

1. R. Wagner, Vorspiel zu „Die Meistersinger von Nürnberg."
2. Beethoven, Klavier-Konzert G-dur, vorgetragen von Herrn Eugen d'Albert.
3. Brahms, Schicksalslied (Hölderlin) für Chor und Orchester.
4. Mozart-Liszt, Don Juan-Fantasie, vorgetragen von Herrn Eugen d'Albert.
5. Beethoven, Symphonie Nr. 5, C-moll.

Anfang präcise 6½ Uhr.

Einzelkarten à 4 Mark sind in der Hofmusikalienhandlung des Herrn
Th. Raus (Theaterstr.), der Musikalienhandlung des Herrn W. Larsen (Comphaus-
badstraße), sowie am Conzerttage von 4 Uhr Nachmittags ab, an der Kasse des Kurhauses zu haben.   Das städtische Musikkomite.

Zum Besten des katholischen Gesellenhauses.

Mittwoch, den 26. Oktober cr.:

Brillant-Soirée

des Königl. Preuß. Hofkünstlers und Prestidigitateurs Sr. Maj.
unseres Kaisers und Königs

Professor **Stengel** aus Wiesbaden.

**Nur das Neueste auf dem Gebiete der Sensations-Zauberei
Optik, Hydraulik, Antispiritismus und Nachahmung wirk-
licher Wunder.**

Preise der Plätze: Erster Platz 2 M., zweiter Platz 1,50 M., Gallerie 50 Pfg.

Kassenöffnung 7 Uhr. — Anfang 8 Uhr. — Ende nach 10 Uhr.

Karten zu ermäßigten Preisen: Erster Platz 1,50 M., zweiter Platz 1,00 M.,
sind im Vorverkauf zu haben bei den Herren: **Heuvelmann**, Hochstr. 1, **Cremer**'-
sche Buchhandlung, Bonitstraße 78, **Hamacher** (im Fisch), Bonitstr. 99, **L. Ahn** im
Karlshause (am Büffet), **Krumbach** (Berliner Hof), Pontstr. 133, **J. Scholl**, Jakob-
straße 100, **Wagner** (Moselhäuschen), Franzstr. 40, **Weyers-Raatzen** (Buchhandl.)
Kleinmarschi.rstr. 8, **Wiertz** (Restauration), Jakobstr. 18, und beim **Hausmeister**
des Gesellenhauses, Pontstr. 51.

☞   Der ganze Reinertrag ist zum Besten des
Gesellenhauses bestimmt und bittet in Anbetracht des
guten Zweckes um rege Abnahme von Karten und zahlreiche Theilnahme.   3110y

Der Vorstand.

Beim Stehlen von Kappusköpfen auf einem in unmittelbarer Nähe der Stadt gelegenen Ackerfelde wurden vorgestern Abend drei Subjekte betroffen, wovon zwei in Haft genommen wurden. Beide, bereits mit Gefängniß bzw. Zuchthaus bestraft, wurden gestern dem Richter vorgeführt, welcher die Überweisung in die hiesige Strafanstalt verfügte. Das dritte durch die Flucht entkommene Subjekt ist erkannt und wird seinem Schicksale nicht entgehen.

Echo der Gegenwart, Nr. 228,
Dienstag 4. Oktober 1887

Die beiden Kutscher M.D. und L.H. aus A., sowie der Ackerer W.H., der Mechaniker Josef. B. und J.B. aus B. waren geständig, am 12. Juli gemeinschaftlich zu Aachen Gegenstände, welche zum öffentlichen Nutzen dienen, (Gaslaternen) durch Werfen mit Steinen beschädigt zu haben, und wurden deßhalb die Angeklagten je mit 15 Mark Geldstrafe event. drei Tagen Gefängniß bestraft.

Wegen Verschleppung von gepfändeten Möbeln erhielt die Ehefrau R. aus Aachen eine zweitägige und R. ebenfalls in Aachen wohnend, eine eintägige Gefängnißstrafe kostenfällig zuerkannt.

Der Tagelöhner J.G. aus Aachen war angeklagt, im Monat Mai v.J. zu Rothe Erde von einer Bleiche zwei Paar Hosen im Werthe von 20 Mark entwendet zu haben. Er wurde für überführt erklärt und zu einer Gefängnißstrafe von fünf Tagen verurtheilt.

Echo der Gegenwart, Nr. 245,
Sonntagsausgabe 23. Oktober 1887

Zwei ganz jugendliche Burschen, der Johann L. und der Arnold R. aus Aachen, einer 12, der andere 13 Jahre alt, sollten gemeinschaftlich bei den Geschwistern Rießen, Dahmengraben hierselbst, mittels eines Meißels die Thekenschublade erbrochen und aus derselben 6 Mark gestohlen haben. Wie die als Zeugin vernommene Geschäftsinhaberin erklärte, war die große Kasse gerade an dem betreffenden Morgen geleert worden, die Diebe hätten sonst einen besseren Fund gethan. Das Gericht nahm an, dass Joh. L. trotz seiner Jugend die erforderliche Einsicht der Strafbarkeit besessen habe, die Ausführung des Diebstahls hätte einem alten Verbrecher nicht besser gelingen können. Johann L. wurde zu 3 Monaten Gefängniß verurtheilt; dagegen konnte nicht bewiesen werden, dass R.

sich an dem Diebstahl betheiligt hatte, und wurde dieser daher freigesprochen.

Echo der Gegenwart, Sonntagsausgabe
6. November 1887

Der schon sechsmal vorbestrafte Tagelöhner L.C. aus Aachen, wurde für überführt erklärt, sich durch Vorspiegelung von falschen Thatsachen einen rechtswidrigen Vermögensvortheil von 60 Mark zu Ungunsten der Ehefrau L. verschafft zu haben. Er wurde zu einer Gefängnißstrafe von 6 Monaten und zum Verlust der bürgerlichen Ehrenrechte von 3 Jahren verurtheilt.

M.L., 16 Jahre alt, aus A. war beschuldigt, einem 6jährigen Kinde ein Paar Ohrringe entwendet zu haben. Er erhielt 14 Tage Gefängniß.

R. St., Hausirer zu Aachen, erhielt eine Gefängnißstrafe von 3 Monaten, weil er den Händler Th. mit einem Bierglase körperlich mißhandelt hatte; auch wurde seine sofortige Verhaftung ausgesprochen. Der zu dieser Verhandlung als Zeuge vorgeladene Tagelöhner S. erschien eine ¼ Stunde zu spät und wurde deßhalb zu einer Geldstrafe von 3 Mark event. 1 Tag Haft genommen.

Echo der Gegenwart, Nr. 269,
Dienstag 22. November 1887

Josephine Sch. aus Aachen, ohne besonderes Geschäft, hatte von der Witwe Herbert von hier ein Sparkassenbüchelchen erschwindelt; sie erhob darauf nach und nach ohne Erlaubniß der H. cirka 500 Mark und gab die Beträge dem Schuster R. von hier, welcher in dürftigen Verhältnissen lebte, das Geld aber zurückerstatten sollte. Sie wurde der Unterschlagung für schuldig erklärt und in eine Gefängnißstrafe von 4 Monaten verurtheilt.

Wegen Hausfriedensbruches, groben Unfugs und Beleidigung war der Tagelöhner Wilhelm C. aus Rothberg, 25 Jahre alt, vom Schöffengericht zu Düren in eine

Echo der Gegenwart, Nr. 277, Donnerstag 1. Dezember 1887

Kaisersaal.

Heute Donnerstag 1. Dezember, Abends 8 Uhr:

Bei Gelegenheit des

Bockbier-

und Schlachtfestes

Grosses Extra-Concert,

ausgeführt durch das

Trompeter-Corps der 2. Abtheilung

I. Rheinischen Feld-Artillerie-Regts. Nr. 8,

unter persönlicher Leitung ihres Stabstrompeters

Herrn **Schumacher.**

Entrée 50 Pfg.

Karten im Vorverkauf à **35** Pfg. in den bekannten Depots.

Wurst'l-Küche etc. etc.

Grosse Auswahl.

Bockbier per Glas 20 Pfg.

Die währrnd des Bockfestes zu singenden „Bock-Lieder" **werden an der Kasse** **gratis** ausgegeben.

P. H. Fickartz.

Gesammtgefängnißstrafe von 4 Monaten und 14 Tagen Haft verurtheilt worden. Angeklagter hatte seit 6 Jahren ein Liebesverhältniß mit der Tochter seines Nachbars O. Da er in der letzten Zeit in einen sehr schlechten Ruf gerieth, mußte Letztere auf Verlangen ihres Vaters das Verhältniß aufgeben. Bei Gelegenheit der nothberger Kirmeß drang nun der Angeklagte Nachts gegen ½ 12 Uhr in die verschlossene Wohnung des O., lärmte und schimpfte gegen denselben. Hierfür erhielt er obige Strafe.

Echo der Gegenwart, Nr. 280,
Sonntagsausgabe 4. Dezember 1887

Hie Gummi, hie Leder! Tönte in den kalten Tagen, die ein vorzeitiger Winter uns brachte, das Feldgeschrei hinüber und herüber. Der Schuh oder Stiefel aus Gummi sei höchst ungesund sagen die Feinde, im Gegentheil, er sei ein vorzüglicher Schutz gegen Nässe und Kälte, be-

Echo der Gegenwart, Nr. 287, Mittwoch 14. Dezember 1887

haupten die Freunde. Die Wahrheit liegt natürlich, wie immer, in der Mitte. Daß der bloße Lederstiefel gegen die winterliche Straßennässe keinen hinreichenden Schutz gewährt, wissen wir Alle, ebenso aber auch, dass der, welcher andauernd die Gummihülle über dem Fuß behält, sich die schönsten Kopfschmerzen und allerlei sonstige Leiden zuziehen kann, da eben der Gummi der Ausdünstung den freien Weg versperrt. In wie hohem Maße dies der Fall, kann am besten derjenige beurtheilen, welcher sich je eines aus Gummistoff verfertigten Regenmantels bedient hat. So unschädlich vor einem solchen Mantel Regen und Schnee herniederrieseln, so lästig wird einem nach kurzer Zeit das undurchdringliche, ein wahres Dampfbad erzeugende Gehäuse. Möge man also immerhin bei Frost- und Schneewetter in Gummistiefeln oder

Schuhen einher wandeln, nur hüte man sich, andauernd in ihnen zu beharren.

*Echo der Gegenwart, Nr. 285,
Sonntagsausgabe 11. Dezember 1887*

Der Anstreicher A.B., aus A., hatte durch Vorspiegelung falscher Thatsachen das Vermögen der Burtscheider Krankenkasse um 6 Mark geschädigt und wurde deßhalb zu einer Gefängnißstrafe von 3 Tagen verurtheilt.

Wegen veröffentlichung eines Artikels im „Aachener Volksblatt", in welchem das hiesige Nachtwächter-Personal in der öffentlichen Meinung heruntergesetzt und beleidigt wird, waren der Buchhalter G.P. und der Redakteur des vorgenannten Volksblattes P.S. aus A., und zwar ersterer als Verfasser und letzterer als Mitthäter, angeklagt. Das königl. Schöffengericht erkannte auf Freisprechung.

Adressaten von Tschaikowskys Briefen

Brief Nr. 3218 vom 4. April 1887: Modest Iljitsch Tschaikowsky (1850-1915)

Bruder von Peter Tschaikowsky. Absolvent der Rechtsschule in St. Petersburg. Seinen eigenständigen Lebensweg begann Modest als Untersuchungsführer in Simbirsk. Mangelnde Lebenskenntnis, ausschweifende Vergnügungen und Müßiggang sowie gute Beziehungen zu vermögenden Leuten sollten ihn bald vom richtigen Weg abbringen und verführten ihn dazu, sich in Schulden zu stürzen. Der Vater, die Schwester und Peter wurden seine ‚Retter' und bezahlten seine Schulden. Er gab seine Tätigkeit im Simbirsk auf und siedelte nach St. Petersburg. Er versuchte sich als Schriftsteller und verfaßte – unvollendete – Erzählungen. Durch Zufall lernte er den vermögenden Gutsbesitzer Hermann Konradi kennen, der einen Erzieher für seinen taubstummen Sohn Kolja suchte. Modest besuchte für ein Jahr in Lyon den für Taubstummenpädagogik führenden französischen Spezialisten und übernahm danach die Aufgabe Kolja (1868-1922) zu betreuen. Modests Arbeit trug Früchte und erlaubte ihm sich der Literatur zuzuwenden. Seine literarischen Arbeiten hatten Schwächen, jedoch fand sein Stil Anklang. Aus seiner Feder stammen mehrere Bühnenstücke und Komödien die sich ziemlich lange auf Moskauer Bühnen hielten. Auch in Aachen war Tschaikowsky bemüht die Arbeiten von Modest zu unterstützen.[1] Vermutlich handelte es sich um die Arbeiten, die Tschaikowsky im Brief vom 3. September 1886 an Fau von Meck ausführlich erläuterte.[2] Die Brüder nahmen gegenseitig lebhaften Anteil an ihrem Schaffen. In Zusammenarbeit mit seinem Bruder Peter schrieb er die Libretti zu

Tschaikowskys zwei letzten Opern Pique Dame und Jolanthe. Nach dem Tode des Komponisten lebte Modest hauptsächlich in Klin, war einer der Organisatoren des Tschaikowsky-Museums und bewahrte die Wohnräume des Komponisten, so wie sie Tschaikowsky zuletzt verlassen hatte.[3]

Brief Nr. 3222 vom 10. April 1887: Modest Iljitsch Tschaikowsky (vgl. Brief Nr. 3218)

Brief Nr. 3239 vom 24. April 1887: Nadeshda Filaretowna von Meck (1831-1895)

Frau von Meck, Witwe eines reichen Besitzers von Eisenbahnlinien, Mutter von elf Kindern, verwaltete ein riesiges Vermögen, zog sich aber nach dem Tode ihres Mannes 1876 aus dem gesellschaftlichen Leben zurück und widmete sich vor allem der Musik. Sie war von Tschaikowskys Musik sehr angetan. Von ihrem Musiklehrer Kotek, hörte sie von Tschaikowskys Schwermut und Geldnöten. Sie fühlte sich mit dem Wesen von Tschaikowsky verwandt und beschloss, ihn auf taktvolle Weise zu unterstützen. Sie bestellte bei ihm eine Komposition für Geige und Klavier und zahlte dafür ein ungewöhnlich hohes Honorar. Es folgten weitere Aufträge. Es entwickelte sich zwischen Frau von Meck und dem Komponisten eine vermeintliche Seelenverwandtschaft, die in einem 14 Jahre (1876-1890) andauernden Briefwechsel (1204 Briefe) ihren Niederschlag gefunden hat. Im Oktober 1877 bewilligte Frau von Meck dem Komponisten eine Jahresrente von 6000 Rubel und erlaubte ihm dadurch seine Anstellung als Lehrkraft am Moskauer Konservatorium – die er als Last empfand – auf-

---

1   Vgl. Brief Nr. 3307
2   Baer/Pezold, S. 487

3   Vgl. musik konkret 7, S. 3ff.

zugeben. Von da an konnte er sich ganz seinem musikalischen Schaffen widmen. Beide vermieden es sich jemals persönlich kennenzulernen; selbst dann, wenn Tschaikowsky als Gast auf Anwesen von Frau von Meck, wie z.B. auf Gut Brailow, wohnte. Der Briefwechel und damit auch die Verbindung zwischen Tschaikowsky und seiner Gönnerin nahm ein plötzliches und unerwartetes Ende. Frau von Meck teilte im Oktober 1890 dem Komponisten mit, daß sie vor dem finanziellen Ruin stehe und an ihn keine Zahlungen mehr leisten könne sowie krank sei. Später stellte sich heraus, daß tatsächlich das Vermögen nicht verloren gewesen war. Die Gründe für den Abbruch der Beziehungen konnten nie aufgehellt werden.

Brief Nr. 3253 vom 9. Mai 1887: Pjotr Iwanowitsch Jürgenson (1836-1904)

Jürgenson gründete 1871 den bedeutendsten russischen Musikverlag und wurde von Opus 1 an Tschaikowskys Hauptverleger. Er erkannte Tschaikowskys Begabung und bemühte sich nach Kräften den Komponisten an den Verlag zu binden. In der Bemessung der Honorare vermied er übertriebene Großzügigkeit; jedoch führte dies in der langjährigen Zusammenarbeit mit Tschaikowsky lediglich einmal zu Spannungen. Ab Mitte der siebziger Jahre zog Jürgenson auch die Regelung der autorenrechtlichen und persönlichen Angelegenheiten des Komponisten an sich und versuchte alle Manuskripte in seinen Besitz zu bekommen, um sie der Nachwelt zu bewahren. Jürgenson und Tschaikowsky waren bis zum Tode von Tschaikowsky in aufrichtiger Freundschaft miteinander verbunden. Eine zweibändige Ausgabe ihres Briefwechsels belegt die freundschaftliche Beziehung.

Brief Nr. 3268 vom 13. Juni 1887: Nadeshda Filaretowna von Meck (vgl. Brief Nr. 3239)

Brief Nr. 3270 vom 20. Juni 1887: Nikolai Albertowitsch (1840-1888) und Alexandra Iwanowna Hubert (1850-1937)

Nikolai Hubert russischer Musikpädagoge und -schriftsteller studierte 1863 bis 1868 am Konservatorium in St. Petersburg Theorie bei Zaremba und Instrumentation bei Nikolai Rubinstein. Nikolai Hubert war Sohn eines Klavierlehrers, hatte zwar einen deutsch klingenden Namen, aber war Stockrusse. Er war Studienkollege von Tschaikowsky und mußte sehr früh seine Kenntnisse einsetzen um durch Unterrichtgeben sich seinen Lebensunterhalt zu sichern. 1869 wurde er Direktor der Musikklassen der Kaiserlich Russischen Musikgesellschaft in Kiew, später Opernkapellmeister in Odessa, 1870 Lehrer am Moskauer Konservatorium und übernahm von 1881 bis 1883 dessen Leitung. Er wurde dann Musikreferent der ‚Moskauer Nachrichten', wobei er in dieser Aufgabe von Tschaikowsky unterstützt wurde.[4]

Nikolai und Alexandra waren Freunde Tschaikowskys. „Alexandra, Ehefrau von Nikolai Hubert, hatte lange Zeit eine Aufsichtsfunktion am Konservatorium in Moskau inne und war Professor in der Klavierklasse. Sie bearbeitete viele Kompositionen Tschaikowskys für Klavier."[5]

Nikolai Hubert erlebte Tschaikowskys Ärger und Enttäuschung über die Kritik an seinem b-moll-Klavierkonzert (Op. 23). „Im Dezember 1874 hatte ich ein Klavierkonzert geschrieben! Da ich kein Pianist bin, so erachtete ich es für notwendig, einen Virtuosen zu befragen ... Es war gerade Weihnachtsabend 1874, wir waren zu Albrechts eingeladen und Nikolai Rubinstein machte mir den Vorschlag, ehe man zu Albrechts ging, in einem Klassen-

---

4   vgl. Riemann, S. 834
5   Kuhn, Tagebücher, S. 116

zimmer des Konservatoriums das Konzert durchzuspielen: das thaten wir denn auch. Ich brachte mein Manuskript und gleich darauf kamen Nikolai Gregorewitsch [Rubinstein, Anm. d. V.] und Hubert. Letzterer ist ein sehr guter und kluger Mensch, verfügt aber nicht über den geringsten Teil von Selbständigkeit, ist sehr redselig und weitschweifig, braucht immer eine lange Vorrede um Ja oder Nein zu sagen, er ist nicht fähig, seine Meinung in bestimmter unzweideutiger Form auszusprechen und hält sich immer auf Seiten Desjenigen, der im gegebenen Fall der Stärkere ist. Hier muß ich aber hinzufügen, dass er das nicht aus Feigheit, sondern nur aus Charakterlosigkeit thut.

Ich hatte den ersten Satz durchgespielt. Nicht ein Wort, nicht eine Bemerkung. Wenn Sie wüßten, in welch dummer Lage man sich befindet, wenn man einem Freunde eine eigenhändig zubereitete Speise vorsetzt und dieser Freund sie isst und – schweigt! So sprich doch wenigstens ein Wort, schimpfe meinetwegen freundschaftlichst, sprich aber um Gottes Willen, sprich, sage Etwas, was es auch immer sei! Rubinstein aber sprach nicht, er bereitete ein Donnerwetter vor, und Hubert wartete, wie sich die Dinge gestalten würden, um dann dieser oder jener Partei beizuspringen. Die Hauptsache war aber, dass ich über die künstlerische Gestaltung meines Werkes gar kein Urteil brauchte: es war mir nur um die rein technische Sache zu thun. Das beredte Schweigen Rubinsteins, hatte eine sehr vielsagende Bedeutung. Es sagte gleichsam: ,Lieber Freund, wie kann ich von Details reden, wenn mir die Komposition als Ganzes zuwider ist'. Ich faßte meine Geduld zusammen und spielte das Konzert zu Ende. Wiederum Schweigen.

,Nun?' fragte ich und stand auf. Da entsprang ein gewaltiger Redestrom Rubinsteins Munde. Erst sprach Nikolai Gregorewitsch ruhig, allmälig steigerte sich aber seine Leidenschaftlichkeit und endlich glich er dem Blitze schleudernden Zeus. Es erwies sich, dass mein Konzert garnichts tauge, dass es absolut unspielbar, die Passagen abgedroschen und so ungeschickt wären, dass man sie garnicht verbessern könnte, dass die Komposition selbst schlecht, trivial, gemein sei, dass ich die Stelle von Dem und die da von Jenem gestohlen hätte, dass nur zwei oder drei Seiten etwas taugten, während die übrigen entweder vernichtet oder radikal umgearbeitet werden müßten. ... Ich kann die Hauptsache nicht wiedergeben, den Tonfall der Stimme, mit welchem Nikolai Gregorewitsch das alles sagte. Kurz ein unbeteiligter Zuschauer dieser Scene müsste glauben, ich sei ein dummer talentloser eingebildeter Notenkratzer, welcher sich erfrecht hat, einem berühmten Manne seine Schmierereien zu zeigen. Hubert war durch mein Schweigen ganz verblüfft und wunderte sich, ... dass ein Mann, der bereits so viele Werke geschaffen und der am Konservatorium Kompositionslehre unterrichtete, eine derartige Moralpredigt ruhig und widerspruchslos über sich ergehen liess ... und – Hubert begann, Rubinstein zu kommentieren, d.h. er pflichtete Rubinsteins Ansicht bei, nur versuchte er, das was Nikolai Rubinstein zu schroff ausdrückte, in mildere Worte zu kleiden. Ich war durch diesen ganzen Auftritt nicht nur in Erstaunen versetzt, sondern fühlte mich sehr beleidigt. ...Ich entfernte mich aus dem Zimmer und ging nach oben. ... Bald darauf kam Rubinstein, als er merkte, dass ich sehr niedergeschlagen war, in ein entfernteres Zimmer. Dort wiederholte er, dass mein Konzert unmöglich sei ... ,Nicht eine einzige Note werde ich abändern' anwortete ich ,und werde das Konzert in dem Zustand in Druck geben, in welchem es sich augenblicklich befindet'. Das habe ich denn auch wirklich gethan."[6]

---

6   Tschaikowsky, Bd. 1, S. 304ff.

Brief Nr. 3279 vom 27. Juni 1887: Yuliya. I. Spashinskaja (gest. 1919)

Spashinskaja war die Frau des russischen Dramatikers Ippolit Wassiljewitsch Spashinsky (1844-1917); er schrieb das Libretto zu Tschaikowskys Oper ‚Die Bezaubernde' nach seiner gleichnamigen Tragödie. Tschaikowsky lernte Frau Spashinskaja im Rahmen der Zusammenarbeit mit ihrem Ehemann kennen. Später alleinstehend, erfuhr sie Tschaikowskys Unterstützung bei ihren mehr oder weniger erfolgreichen Bemühungen als Schriftstellerin Profil zu gewinnen.[7] Sie erhielt im Laufe von 6 Jahren über 80 Briefe, in denen der Komponist einfühlsam mit Ratschlägen und Ermunterungen ihr zur Seite stand. Auf der Suche nach Stoff für eine neue Oper ermunterte er Frau Spashinskaja sich Gedanken zu machen; wobei er selbst nicht ernsthaft an ein verwertbares Ergebnis glaubte.[8] Er versuchte mit all seinem persönlichen Einfluß ein von Spashinskaja geschriebenes Stück im Imperial Theater unterzubringen, es wurde nicht akzeptiert und Tschaikowsky vermittelte ihr, um ihr mageres Selbstbewußtsein nicht zu sehr zu erschüttern, das Ergebnis in großer Behutsamkeit.[9] Im Frühjahr 1891 bedurfte Spashinskaja besonderer Unterstützung durch den Komponisten. Ihre häusliche Situation erforderte eine zeitweise Trennung von ihrer Familie. Auch in Tschaikowskys Tagebuchaufzeichnungen finden sich wiederholt Anmerkungen zu Frau Spashinskaja, z.B. am 5./17.1.1889: „Brief nur von Spashinskaja; keine anderen. Es ist bedrückend ihre Briefe zu bekommen."[10]

Auf seiner Reise nach Aachen konnte Tschaikowsky es einrichten, daß er Frau Spashinskaja in Sewastopol traf. „Habe mit Mühe die Spashinskaja gefunden. Sie hat mich zum Dampfer [nach Odessa, Anm.d.V.] zurückbegleitet."[11]

Brief Nr. 3280 vom 1. Juli 1887: Nadeshda von Meck (vgl. Brief Nr. 3239)

Brief Nr. 3281vom 1. Juli 1887: Pjotr Iwanowitsch Jürgenson (vgl. Brief Nr. 3253)

Brief Nr. 3282 vom 6. Juli 1887: N.A. und A. I. Hubert (vgl. Brief Nr. 3270)

Brief Nr. 3284 vom 6. Juli 1887: Praskowja Wladimirowna Tschaikowskaja (1864-1956)

Frau Tschaikowskaja, geb. Konschina, heiratete im April 1882 Tschaikowskys Bruder Anatol.[12] Tschaikowsky äußerte sich gegenüber Frau von Meck über Anatols Braut skeptisch: „Von meinem Bruder Anatol erhielt ich gestern ein Telegramm, in dem er mir seine Verlobung mit der Konschina mitteilt. Ich habe viel Gutes von ihr gehört und hoffe, daß die Ehe glücklich sein und sich wohltuend auf Anatol auswirken wird, der stets an melancholischen Stimmungen gelitten und sich seiner Schwermut durch die Flucht in den Trubel des gesellschaftlichen Lebens zu entziehen versucht hat. Ich möchte mich nicht dem blinden Glauben hingeben, daß diese Ehe all seine Leiden heilen wird, andererseits aber müßte sie zu seinem Glück beitragen, da er in dieses Fräulein nicht nur verliebt ist, er liebt sie wirklich, weil er ihre guten Eigenschaften kennt."[13] Aus der Ehe geht im März 1883 die Tochter Tatjana hervor.[14] Anatol, Tschaikowskys Lieblingsbruder war Jurist und hatte zeitweise am Gerichtshof in Tiflis eine Anstellung, wo der Komponist

---

7   vgl. Brown, David, Vol. IV, S. 66f.
8   vgl. Brown, David, Vol. IV, S. 146
9   vgl. Brown, David, Vol. IV, S. 170
10 Kuhn, Tagebücher, S. 279
11 Kuhn, Tagebücher, S. 204
12 Tschaikowsky-Studien 3, S. 371
13 Baer/Pezold, S. 390
14 Tschaikowsky-Studien 3, S. 371

die Familie gerne besuchte. Tschaikowsky mochte den Charme der Stadt, seine bevölkerten Straßen; die roten Ziegeln auf den Dächern erinnerten ihn an Neapel.

Tschaikowskaja liebte das gesellschaftliche Leben – manchmal zum Leidwesen ihres Schwagers. Im April 1886 genoß er zwar den Aufenthalt in Tiflis, bedauerte aber: „... Da es mir nicht gelungen war, inkognito zu bleiben, habe ich am gesellschaftlichen Leben teilnehmen müssen".[15] Im Tagebuch heißt es: „... Panja [Tschaikowskaja, Anm. d. V.] in übertrieben lebhafter Stimmung, was ich nicht sehr liebe".[16] Die Bitte an seinen Bruder zu helfen, daß seine Anwesenheit in Tiflis nicht öffentlich gefeiert wird – in den Zeitraum seines Aufenthaltes fiel auch sein Geburtstag –, führte bei Tschaikowskaja, beispielsweise durch zahllose gesellschaftliche Einladungen, geradezu zu gegenteiligen Aktivitäten.

Es wird vermutet, daß Tschaikowskaja am Tod von Ivan Verinovsky nicht schuldlos ist.[17] Während seines Aufenthaltes in Tiflis lernte er den russischen Artillery Offizier Verinovsky kennen, der Tschaikowskys Musik schätzte. Die beiden fühlten sich zueinander hingezogen. Immer wieder wird sein Name im Tagebuch des Komponisten vermerkt. Problematisch erwies sich, daß auch die Schwägerin Tschaikowskys und Verinovsky, Zuneigungen zueinander verspürten. Ob die Gefühle der Schwägerin für Verinovsky eher von dem Gedanken geleitet waren, Tschaikowsky, der große Neigung zu dem Offizier empfand, die Verbindung zu vereiteln, bleibt dahingestellt. Wenige Tage nach der Abreise von Tschaikowsky aus Tiflis erschoß sich Verinovsky. Der Komponist erfuhr erst Wochen später, zufällig vom Tod des geliebten Verinovsky.

Tschaikowsky war erschüttert und verlangte von seiner Schwägerin Erklärungen ... Lange Zeit trauerte Tschaikowsky um den Tod, dessen Hintergründe nicht zweifelsfrei aufgeklärt sind. „Später endlos um Wanja Werinowski [Verinovsky, Anm. d. V.] geweint"[18], heißt es im Tagebuch unter dem 1. Oktober 1886.

Brief Nr. 3285 vom 8.-10. Juli 1887: Modest Iljitsch Tschaikowsky (vgl. Brief Nr. 3218)

Brief Nr. 3286 vom 11.-12. Juli 1887: Nikolai Hermannowitsch Konradi (1868-1922)

Tschaikowskys Bruder Modest, gewann die Überzeugung, daß er für den Staatsdienst „untauglich sei"[19] und entschied sich 1875, die Erziehung des taubstummen Jungen Konradi zu übernehmen. Der Komponist lernte den Zögling seines Bruders am 27.6.1875 in Lyon kennen. An seinen Bruder Anatol schrieb er: „Kolja [Abkürzung für Nikolai, Anm. d. V.] habe ich vom ersten Augenblick an lieb gewonnen, das zwischen Lehrer [Modest, Anm. d. V.] und Schüler bestehende Einvernehmen ist das denkbar herzlichste und entlockt meinen Augen oft Tränen der Rührung."[20] Im Brief vom 10./22.9.1876 an Modest heißt es zum Schluß: „... Ich danke Dir für Koljas Foto. Obwohl es sehr mißlungen ist. Für den Brief küsse ich ihn. Ich vergöttere ihn leidenschaftlich und denke jeden Augenblick an ihn."[21]

Möglicherweise entwickelte Tschaikowsky eine tiefere erotische Empfindung für den Jungen. Zumindest befürchtete er, sein Bruder Modest, der ebenfalls dem männlichen Geschlecht zugetan war, könne Gefahr laufen, daß das Verhältnis

---

15   Baer/Pezold, S. 480
16   Kuhn, Tagebücher, S. 53
17   Holden, Anthoy, S. 255ff.

18   Kuhn, Tagebücher, S. 111
19   Tschaikowsky, Bd. 1, S. 323
20   Tschaikowsky, Bd. 1, S. 329
21   Tschaikowsky-Studien 3, S. 153

von Lehrer und Schützling in unzulässige Fahrwasser gerät. Zwar schrieb er an seinen Bruder, daß die Beziehung zwischen homosexuellem Betreuer und Zögling riskant ist; vermutlich waren jedoch die mahnenden Worte auch an die eigene Person gerichtet und beinhalteten die gesellschaftliche Mißbilligung, falls homosexuelle Beziehungen bekannt würden.[22] Im Brief vom 10./22. 9. 1876 an Modest umreißt Tschaikowsky seine Befürchtungen: „Ich habe in dieser Zeit viel über mich und über Dich und unsere Zukunft nachgedacht. Das Ergebnis dieser ganzen Überlegung war, daß ich mich von heute an ernsthaft anschicken werde, eine gesetzliche Verbindung mit wem auch immer einzugehen. Ich finde, daß unsere Neigungen für uns beide ein sehr großes und unüberwindliches Hindernis darstellen und daß wir mit all unseren Kräften gegen unsere Natur ankämpfen müssen. Ich liebe dich sehr, ich liebe Kolja sehr und ich wünsche sehr, daß ihr Euch – zu Eurem gemeinsamen Glück – nicht trennen müßt. Aber die Bedingung ... für die Dauerhaftigkeit Eurer Beziehung, ist, daß Du nicht der bleibst, der Du bis jetzt warst. ... Ein Mensch, der sich von seinem Kind (man kann auch Deins nennen) trennt und sich dem ersten besten Lumpen in die Arme wirft, kann kein solcher Erzieher sein, wie Du es sein möchtest und sein mußt. ...Du wirst sagen, daß es in Deinem Alter schwer ist, Leidenschaften zu bekämpfen; darauf will ich antworten, daß es in Deinem Alter leichter ist, seine Neigungen in eine andere Richtung zu lenken. Hier muß Deine Religiosität, wie ich vermute, für Dich eine Stütze sein.“[23] Noch konkreter über seine Unruhe und Angst zum Laster – eine Bezeichnung die Tschaikowsky für seine sexuellen Vorlieben verwendet – drückt er im Brief vom 19./31.8.1876 an Modest aus: „Aber auch Du, Modja, mußt gut darüber nachdenken. Homosexualität und Pädagogik können sich nicht miteinander vertragen.“[24]

Brief Nr. 3287 vom 16. Juli 1887: Modest Iljitsch Tschaikowsky (vgl. Brief Nr. 3218)

Brief Nr. 3288 vom 18. Juli 1887:
Alexej Ivanovic Sofronow (1859-1925)

Tschaikowsky mietete 1871 in Moskau – während dieser Zeit lehrte er als Professor am dortigen Konservatorium – erstmals für sich eine eigene Wohnung mit drei kleinen Zimmern. Er engagierte den früheren Diener von Ferdinand Laub, Michael Iwanowitsch Sofronow aus Klin, ca. 90 km von Moskau entfernt. Michael Sofronow liebte das Landleben und legte Wert darauf, daß er den Sommer zu Hause verbringen durfte. Das Problem wurde dadurch gelöst, indem der jüngere Bruder von Michael, der zwölf Jahre alte Alexej, zunächst mit seinem Bruder gemeinsam, später alleine, Tschaikowskys Betreuung übernahm. Zwischen dem Komponisten und Alexej entwickelte sich ein enges freundschaftliches Verhältnis.

Tschaikowsky sorgte zeitlebens und auch für die Zeit nach seinem Tode für Alexejs Wohlergehen. Im August/September 1879 schrieb er an Nadeshda von Meck: „Ich möchte sehr gerne noch lange leben, weil ich noch viele Jahre brauche, den Höhepunkt meines Aufstiegs zu erreichen. Aber der Gedanke, daß ich Sie überleben könnte, ist mir unerträglich. Da aber nun einmal die Rede darauf gekommen ist, erlauben Sie mir, liebe Freundin, etwas auszusprechen, was ich Ihnen schon lange bei passender Gelegenheit sagen wollte. Wenn Sie mich überleben sollten, so nehmen Sie meinen Alexej zu sich in Ihr Haus! Die Sache ist die, daß ich ihn sehr liebe; aber seine Zukunft be-

---

22   Poznansky, Alexander, S. 102 und Holden, Anthony, S. 109ff.

23   Tschaikowsky-Studien 3, S. 42f.

24   Tschaikowksy-Studien 3; S. 43

unruhigt mich. Im Laufe seines langjährigen Dienstes bei mir ist er daran gewöhnt, daß ich – ohne ihn im geringsten höher zu stellen, als das Schicksal ihn gestellt hat – ihn nicht nur wie einen Diener, sondern auch wie einen Freund behandle. Im Falle meines Todes wäre es für ihn sehr schwer, in ein Haus zu geraten, wo eine rauhe Behandlung der Dienerschaft üblich ist. Als Diener ist er sehr gut und ich kann ohne Zögern sagen, daß er nützlich sein wird. Aber genug! Wir wollen leben! Meine liebe, gute teure Freundin! Zu sterben haben wir immer noch Zeit. ..."[25]

Auch aus Aachen kümmerte sich Tschaikowsky um Sofronows Wohlergehen und nahm an dessen Leben teil: „Warum schreibst Du nicht, ob Du eine Braut gefunden hast? Und auch nicht darüber, wohin Du zu fahren beabsichtigst, um Dir Güter anzusehen?"[26] „Heute habe ich mir lebhaft vorgestellt, wie Du die Sonnenfinsternis beobachtest. Hier bei uns war nichts; denn die Finsternis ging vor Sonnenaufgang vor sich, und außerdem war auch das Wetter regnerisch."[27]

Beim Ableben des Komponisten, kurz nach 3 Uhr morgens des 6. November 1893, stand auch Tschaikowskys Diener Alexej am Totenbett. Er spielte die entscheidende Rolle für die Bewahrung der Wohnräume des Komponisten im Landhaus in Klin, in dem der Komponist zuletzt wohnte. „Er hatte bereits eine Woche nach dem Ableben Tschaikowskys den Besitzer des Hauses, Herrn Sacharow, aufgesucht und mit ihm Verhandlungen aufgenommen, um das Haus entweder zu erwerben oder zumindest langfristig zu pachten. Diese Verhandlungen dauerten zwei Monate. Am 3. Januar 1894 konnte Alexej schließlich Modest Tschaikowsky neben den besten Wünschen zum neuen Jahr mitteilen, daß er das Haus ‚mit allem Inventar, ein paar Dinge ausgenommen' für 8.500 Rubel erwerben konnte. Sofronow seinerseits gab das Haus nun an Modest Tschaikowsky in Pacht und erhielt dafür 50 Rubel im Monat. Die bewegliche Habe hatte Tschaikowsky seinem Diener ohnehin vermacht, so daß sich jetzt fast alles, was mit den letzten Lebensjahren des Komponisten im Zusammenhang stand, in seinen Händen befand.

1897 erwarb dann Wladimir Dawydow, der Erbe der Autorenrechte Tschaikowskys, das Haus mit allem Inventar von Sofronow und begann sofort damit, noch einen Anbau zu errichten, den er 1898 zusammen mit seinem Onkel Modest Iljitsch Tschaikowsky bezog. Seitdem hat das Haus mit allem Inventar zwar sein ursprüngliches Aussehen verloren, die Wohnräume des Komponisten blieben jedoch ohne wesentliche Veränderungen und entsprechen im großen und ganzen dem Aussehen, das sie zu Lebzeiten des Komponisten gehabt haben."[28] Glücklicherweise überstanden die Räumlichkeiten ohne allzugroße Schäden die zeitweise Besetzung durch die deutsche Wehrmacht im 2. Weltkrieg.[29]

Brief Nr. 3289 vom 19. Juli 1887: Praskowja Wladimirowna Tschaikowskaja (vgl. Brief Nr. 3284)

Brief Nr. 3290 vom 20. Juli 1887: N. A. Hubert (vgl. Brief Nr. 3270)

Brief Nr. 3291 vom 20. Juli 1887: Nadeshda Filaretowna von Meck (vgl. Brief Nr. 3239)

Brief Nr. 3292 vom 20. Juli 1887: Pjotr Iwanowitsch Jürgenson (vgl. Brief Nr. 3253)

---

25   Tschaikowsky-Studien 3, S. 363
26   Brief Nr. 3320
27   Brief Nr. 3313

28   musik konkret 7, S. 6f.
29   vgl. Glaab, Wolfgang, Mitteilungen 13 (2006), S. 228

Brief Nr. 3293 vom 22. Juli 1887: Michail Michailowitsch Ippolitow-Iwanow (1859-1935)

Ippolitow-Iwanow, geboren als Michail Michailowitsch Iwanow, war Sohn eines Handwerkers und nahm erst 1881 den Namen seiner Mutter als Mittelname an, um sich von einem älteren Komponisten zu unterscheiden. Er sang an der Petersburger Isaak-Kathedrale von 1872 bis 1875 als Chorknabe und studierte Komposition am Petersburger Konservatorium bei Rimski-Korsakow. Das Studium schloß er 1882 sehr erfolgreich ab, zog nach Tiflis, wurde dort Direktor der dortigen Musikschule und gründete dort alsbald den Zweig der Russisch Musikalischen Gesellschaft.

Im Dezember 1885 schrieb Tschaikowsky an den jungen Komponisten: „Gütigster Michael Michaelowitsch, Ihren lieben, herzlichen Brief habe gestern erhalten und danke Ihnen sehr für das Interesse an meiner Musik. ... Als ich neulich in Moskau im Album Safanow's blätterte stiess ich auf ein sehr symphatisches Frauenportrait und fragte wer's wäre? Das war Ihre Gemahlin (Frühere Schülerin des Petersburger Konservatoriums, später sehr geschätzte Bühnensängerin und Gesangslehrerein am Moskauer Konservatorium) über die ich früher, namentlich in Kiew stets die begeistertsten Urteile hörte. Auf diese Weise ist der erste Schritt zu meiner Bekanntschaft mit Ihrer Gemahlin (dank der Photographie) gethan, den zweiten thue ich jetzt, indem ich Sie bitte, ihr den Ausdruck meiner Symphatie zu übermitteln, und den dritten Schritt werde ich im Frühling in Tiflis persönlich unternehmen."[30]

Die persönliche Bekanntschaft und beginnende Freundschaft mit Tschaikowsky begann im Frühjahr 1886, als Tschaikowsky regelmäßig seinen Bruder Anatol besuchte. In einem Brief berichtet er am 6.4./18.4.1886 an Frau von Meck aus Tiflis: „Jetzt kenne ich Tiflis schon gut und habe alles Bermerkenswerte gesehen. Ich war in den hiesigen Bäder ... Ich habe auch das hochgelegene Davis-Kloster aufgesucht ... und an einem Abend einem Konzert der Musikgesellschaft beigewohnt, in dem ein recht schlechtes und kleines Orchester ein sehr kompliziertes Programm spielte, wobei das Publikum beinah gänzlich fehlte. In Tiflis leben einige gute und sogar hervorragende Musiker, unter denen vor allem der begabte Komponist Ippolitow-Iwanow und der armenische Pianist Korganow erwähnenswert sind, letzterer ist übrigens ein früherer Schüler des Moskauer Konservatoriums. Sie erwiesen mir jede erdenkliche Aufmerksamkeit, und obwohl ich hier lieber inkognito wäre, rührt mich doch die Teilnahme und Liebe dieser meiner Brüder auf dem Gebiet der Kunst.

Ich hätte nicht gedacht, daß man meine Musik in Tiflis so gut kennt. Nirgends werden meine Opern so oft gespielt. ‚Mazeppa' vor allem hatte großen Erfolg. Das alles ist sehr angenehm und nimmt mich für Tiflis ein, das mir sowieso gefällt."[31]

Wenige Wochen vor Tschaikowskys Abreise nach Tiflis und der späteren Weiterreise nach Aachen, besuchten am 14. März 1887 Ippolit-Iwanow und seine Gemahlin den Komponisten in Maidanowo. „Ippolitow-Iwanow und die Sarudnaja [1857-1939, Warwara Michailowna Sarudnaja, Gemahlin von Ippolitow-Iwanow, Anm. d. V.] kamen sehr spät, d.h. um 10 Uhr. Ich traf sie beim Spaziergang. Zuerst war ich unzufrieden mit ihrer Ankunft und war besonders wütend, daß sie mich beim Arbeiten stören würden, aber dann haben mich diese überaus lieben Menschen (besonders sie ist außerordentlich sympathisch) alles vergessen lassen, bis

---

30   Tschaikowsky, Bd. 2, S. 356f.

31   Baer/Pezold, S. 479

auf die Tatsache, daß die Gesellschaft guter und feiner Menschen eine unschätzbare Wohltat ist. Habe überhaupt nicht gearbeitet. Sind nach Klin gegangen. ... Ippolitow-Iwanow setzte sich ans Klavier, und sie hat dann reizende Stücke aus seiner Oper gesungen (besonders begeisterte mich ein Duett). Um 6 Uhr sind sie wieder abgefahren ...“[32]

Brief Nr. 3294 vom 22. Juli 1887: Sergej Iwanowitsch Tanejew (1856-1915)

Tanejew wuchs in einer kulturell belesenen und gut situierten Familie auf. Bereits mit fünf Jahren nahm der Junge Privatunterricht im Klavierspiel. Die Familie zog 1865 nach Moskau und 1866 nahm er die Ausbildung am Moskauer Konservatorium auf. Er studierte bei Edward Langer, Nikolai Rubinstein, dem Gründer des Konservatoriums, und Musiktheorie bei Tschaikowsky. Nach bestandener Prüfung 1875 debütierte er als Pianist im Ersten Klavierkonzert in D-moll von Brahms und war Solist bei der Erstaufführung von Tschaikowskys Erstem Klavierkonzert in Moskau. Tanejew war bekannt mit Turgenev, traf Emile Zola, Gustave Flaubert, Cesar Franck und Camille Saint-Saëns. 1878 wurde er ans Moskauer Konservatorium als Lehrkraft berufen, diese Aufgabe nahm er bis 1905 wahr, und leitete das Institut von 1885-1889. Zu seinen Schülern gehörten Alexander Scriabin, Sergei Rachmaninoff, Paul Juon, 1895-1896 wohnte er bei Leo Tolstoy und seiner Frau Sofia, zu der er besondere Zuneigung empfand. In seinen späten Jahren litt Tanejew unter Alkoholsucht und starb an Lungenentzündung.

Tschaikowsky entwickelte zu seinem Schüler eine lebenslange Freundschaft. Er schätzte und gleichzeitig fürchtete er seinen Rat und scharfe Analyse. Gleichzeitig ermunterte er Tanejew bei seinem eigenen Schaffen: „Lieber S., [Sergej Tanejew, Anm. d. V.] gestern bin ich aus Petersburg, wo ich drei Wochen verbracht habe, wieder zurückgekehrt ... Erst wollen wir von Ihnen reden. Ich kenne keine einzige Komposition (mit Ausnahme einiger Werke Beethovens), von der man sagen könnte sie sei vollkommen. Auch Ihr schönes Konzert hat seine Schwächen. Wenn Sie aber Alles das beherzigen und acceptieren wollen, was man Ihnen rathet und sagt, so werden Sie das Konzert niemals zu Ende bringen. ... Jedenfalls können Sie sicher sein, dass trotz mancher Mängel Ihrer bisher verfaßten Werke es keinem Musiker einfallen wird, Ihnen ein starkes und sympathisches Talent abzusprechen. Also bitte lassen Sie sich durch nichts beeinflussen und gehen Sie sofort an die Komposition des Finale.“[33] „... Ihr Lied ist in seiner Art ein herrliches Stück. Die Schönheit und Üppigkeit der Harmonie ist erstaunlich. Trotz der warmen Melodie ist aber das Lied etwas unsangbar und wird daher wohl kaum jemals populär werden. Für uns Musiker enthält es dagegen eine ganze Menge des Interessanten, viele schöne Details. Ich hoffe, daß dieses Lied nicht das einzige Werk ist, welches Sie im Laufe des Winters verfaßt haben.“[34] „... Mit fieberhafter Ungeduld werde ich Ihre neue Symphonie erwarten. Ich muß Sie aber ein wenig schelten: es gefällt mir garnicht, daß Sie sich bis jetzt noch nicht jenes Mass von Selbstbewußtsein angeeignet haben, zu welchem Ihnen Ihr Talent und Ihre überhaupt sehr begabte Natur das Recht gibt. Es scheint mir, daß Sie sich gar zu lange Zeit als Schüler vorkommen, der ohne Anleitung Rubinstein's nicht einmal eine Sonate von Beethoven in einer Quartettsoiree zu spielen wagt. ... Seien Sie doch endlich einmal Sie selbst, und stützen Sie sich fest auf Ihre eigenen Kräfte. Es gefällt mir

---

32   Kuhn, Tagebücher, S. 161f.

33   Tschaikowsky, Bd.1, S. 347f.
34   Tschaikowsky, Bd. 1, S. 362

nicht, daß Sie – nachdem Sie die Sonate bereits mit Erfolg öffentlich gespielt haben – mir schreiben: ‚Ich hoffe, daß die Sonate nach einem Monat gut gehen wird'. Das klingt so schülerhaft. Wie lange Zeit brauchen Sie denn, um eine Sonate einzudrillen? Für einen Virtuosen, überhaupt für jeden Künstler ist ein gewisses Mass von Selbstbewußtsein unerläßlich. Sie sind zu bescheiden; Tragen Sie Ihr Haupt höher, wenn Sie wollen, daß man Ihnen ehrerbietig Platz macht. Andernfalls wird ein jeder Schafskopf annehmen müssen, dass Sie in Wahrheit nicht viel leisten können. Ich sage Ihnen das Alles, weil ich selbst durch den Mangel an Selbstvertrauen sehr viel einbüsse ...“[35]

Tanejew verband mehrere Jahre eine platonische Liebe mit Sofja Andrejewna Tolstaja, Ehefrau des russischen Schriftstellers Lew Nikolajewitsch Tolstoi. Tolstaja schrieb am 2. Juni 1897 in ihr Tagebuch: „Als Tanejew und ich uns näher kamen, ging mir häufig durch den Sinn, wie schön es doch wäre, im Alter solch einen stillen, guten begabten Menschen zum Freund zu haben.“[36] Unter dem 23. Juli 1897 befindet sich die Eintragung: „Auch wegen Sergei Iwanowitsch [Tanejew, Anm. d.V.] machten sie mir Vorwürfe. Sollen sie doch. Was mir dieser Mensch gegeben hat, bereichert mein Leben. Er hat mir die Welt der Musik eröffnet, von der ich erst durch sein Spiel Freude und Trost empfing. Durch seine Musik erweckte er mich wieder zum Leben, ... Und in seiner sanften, freudespendenden Gegenwart fand meine Seele Ruhe ... .“[37]

Brief Nr. 3295 vom 22. Juli 1887:
Yuliya I. Spashinskaja (vgl. Brief Nr. 3279)

Brief Nr. 3296 vom 23. Juli 1887:
Nikolai Hermannowitsch Konradi (vgl. Brief Nr. 3286)

Brief Nr. 3297 vom 23. Juli 1887: Emilia Karlowna Pawlowskaja (1857-1935)

Pawlowskaja war Sopranistin an den kaiserlichen Theatern. Die Sängerin spielte und sang die Rolle der ‚Maria' in Tschaikowskys Oper Mazeppa in der Uraufführung am 3. Februar 1884 im Moskauer Grossen Theater. Zwar bedankte sich das Publikum nach der Aufführung mit Ovationen beim Komponisten und den Ausführenden, aber Tschaikowsky ließ sich nicht davon täuschen. Der Oper war kein dauerhafter Erfolg beschieden. Vermutlich lag ein Teil des Mißerfolgs auch an der Qualität der Ausführung. Die Sänger und Sängerinnen waren teils „ohne Stimme, teils stimmbegabt aber ohne die nötige musikalische und schauspielerische Bildung, so daß nicht eine einzige Nummer der Oper in das richtige Licht gestellt werden konnte.“[38] Hinsichtlich der Sangeskunst von Pawlowskaja in der Uraufführung meinte Tschaikowsky im Brief vom Tag darauf an die Sängerin: „Teure, herrliche Emilie Karlowna, ... Haben Sie Dank, unvergleichliche Maria, für die unbeschreiblich schöne Darstellung der Rolle! Gott gebe Ihnen Glück und Erfolge! Ich werde den tiefen Eindruck nie vergessen, den Ihr herrliches Talent auf mich gemacht hat!“[39]

Bereits bei der Absicht die Oper ‚Die Bezaubernde' zu schreiben, bemühte sich Tschaikowsky die Pawlowskaja für die Rolle der Nasstasia zu gewinnen. „Teure Emilie Karlowna, Ihr äusserst abfälliges Urteil über die ‚Die Bezaubernde' hat mich nicht nur erzürnt, sondern mich zur Dankbarkeit verpflichtet, denn ich wollte ihre Meinung wissen ... Es ist mir allerdings unangenehm, daß Ihnen die Rolle

35 Tschaikowsky, Bd. 1, S. 449f.
36 Tolstaja, Sofja Andrejewna, S. 291
37 Tolstaja, Sofja Andrejewna, S. 327

38 Tschaikowsky, Bd. 2, S. 259f.
39 Tschaikowsky, Bd. 2, S. 260

... nicht gefällt ... Den Typus Nastassja's verstehe und denke ich mir ganz anders als Sie. Natürlich ist sie ein lüsternes Weib, aber ihre Reize liegen nicht nur darin, dass sie schön reden kann. ... In der Tiefe der Seele dieses lüsternen Weibes steckt, nämlich, eine gewisse moralische Kraft und Schönheit, welche bis dahin keine Gelegenheit hatten sich zu entfalten. ...Ich weiß nicht ob Sie ihre Meinung über die ,Die Bezaubernde' ändern werden, sobald das Stück in ein Libretto verwandelt sein wird; so wie ich mir diese Rolle denke, so – glaub ich – muß sie ihnen gefallen und Sie müsssen sich ausgezeichnet darin machen."[40]

Die Aufführung der Oper für den November 1887 und die der Pawlowskaja zugedachte Rolle der ,Nastassja' mußte Tschaikowsky aus Aachen brieflich mit der Sängerin besprechen; am 30. Juli 1887 schrieb er: „Teure Emilie Karlowna, ich brenne vor Ungeduld, mit Ihnen über die zu tiefe Lage des Duetts mit dem Prinzen zu plaudern, wenn auch nur schriftlich. Nach Durchlesen Ihres Briefes begann ich die betreffende Scene gründlich zu studieren, ..."[41] Die Diskussionen mit der Pawlowskaja kostete Tschaikowsky Nervenkraft: „... Soeben habe ich von Frau Pawlowskaja einen Brief erhalten. Ich werde nach Petersburg fahren müssen, um einige Mißverständnisse aufzuklären", schrieb der Komponist am 3. September 1887 an seinen Bruder Modest.[42] Im Tagebuch heißt es am 19. September 1887: „... ein Brief der Pawlowskaja, der mich in Rage brachte!"[43] Am 21. September 1887 schrieb Tschaikowsky an die Pawlowskaja: „Teure Emilie Karlowa, wenn Sie wüßten, wie bitter und schwer es mir ist nach der leidigen Arbeit unzähliger Kürzungen und Änderungen – schon wieder dies und das umzumachen. Ich bin so erschöpft, von dem Austifteln der Änderungen, daß ich, bei Gott, nicht weiß, was ich Ihnen auf Ihren Brief antworten soll. ... Sie wissen ich mag nicht streiten und werde mich in das Unvermeidliche fügen, wenn er [Naprawnik, Anm. d. V.] Ihnen beistimmen sein sollte."[44] Am 20. Oktober 1887 kam die Oper in St. Petersburg zur Aufführung. Die Oper wurde vom Publikum kühl aufgenommen; die kurz darauf folgenden Aufführungen fielen bei den Besuchern des Mariinsky Theater sogar auf Ablehung vor nur halbvollem Haus. Besonders kühl – und damit der wichtigste Moment der Oper – wurde die Scene zwischen Nastassja (die Rolle spielte die Pawlowskaja) und dem Prinzen aufgenommen. Es heißt, die Pawlowskaja hätte „zu wenig Stimme für die Hauptrolle gehabt."[45]

Brief Nr. 3298 vom 25. Juli 1887: Modest Iljitsch Tschaikowsky (vgl. Brief Nr. 3218)

Brief Nr. 3301 vom 27. Juli 1887: Modest Iljitsch Tschaikowsky (vgl. Brief Nr. 3218)

Brief Nr. 3302 vom 28. Juli 1887: Nikolai Hermannowitsch Konradi (vgl. Brief Nr. 3286)

Brief Nr. 3303 vom 29. Juli 1887: Nadeshda Filaretowna von Meck (vgl. Brief Nr. 3239)

Brief Nr. 3304 vom 29. Juli 1887: Modest Iljitsch Tschaikowsky (vgl. Brief Nr. 3218)

Brief Nr. 3305 vom 29. Juli 1887: Pjotr Iwanowitsch Jürgenson (vgl. Brief Nr. 3253)

---

40 Tschaikowsky, Bd. 2, S. 328
41 Tschaikowsky, Bd. 2, S. 417
42 Tschaikowsky, Bd. 2, S. 419
43 Kuhn, Tagebücher, S. 229

44 Tschaikowsky, Bd. 2, S. 420
45 Weinstock, Herbert, S. 352

Brief Nr. 3306 vom 30. Juli 1887:
Emilia Karlowna Pawlowskaja
(vgl. Brief Nr. 3297)

Brief Nr. 3307 vom 30. Juli 1887:
Modest Iljitsch Tschaikowsky
(vgl. Brief Nr. 3218)

Brief Nr. 3308 vom 31. Juli 1887:
Praskowja Wladimirowna
Tschaikowskaja (vgl. Brief Nr. 3284)

Brief Nr. 3309 vom 1. August 1887:
Modest Iljitsch Tschaikowsky
(vgl. Brief Nr. 3218)

Brief Nr. 3311 vom 5. August 1887:
Praskowja Wladimirowna
Tschaikowskaja (vgl. Brief Nr. 3284)

Brief Nr. 3312 vom 6. August 1887:
Yuliya I. Spashinskaja
(vgl. Brief Nr. 3279)

Brief Nr. 3313 vom 7. August 1887:
Alexej Ivanovic Sofronow
(vgl. Brief Nr. 3288)

Brief Nr. 3314 vom 8. August 1887:
Maria Alexandrowna Slawina
(1858-1951)

Slawina, russische Sängerin (Mezzosopran), war von 1877 bis 1917 am St. Petersburger Mariinskijtheater, von 1919 bis 1920 Professor am Konservatorium in St. Petersburg und ab 1920 außerhalb von Rußland.[46]

In der Uraufführung von Tschaikowskys Oper ‚Mazeppa' am 3. Februar 1884 in Moskau, war Slawina erste Wahl für die Rolle von Lyubov.[47] In der Premiere von ‚Eugen Onegin' im Mariinskij Theater in St. Petersburg am 19. Oktober 1884 sang Slawina die Rolle der ‚Olga'; die Rolle der ‚Tatjana' sang die Pawlows-

kaja.[48] Die Aufführung fand in der Presse kritsche Stimmen. Der regelmäßig, teilweise fast beleidigend, gegenüber den Werken Tschaikowskys kritisch eingestellte Komponist Ciu meinte gar: „... Das charakteristische Merkmal seiner Musik ist – langweilige Einförmigkeit. Es gibt Menschen, welche beständig über ihr Schicksal klagen und mit besonderer Vorliebe von ihren Schmerzen sprechen. In seiner Musik klagt Herr Tschaikowsky auch über sein Schicksal und spricht von seinen Schmerzen ..."[49] Sein Bruder Modest meinte: „... Alle Solisten waren im höchsten Grade anständig, – aber nicht mehr."[50] Der Komponist urteilte zu den Qualitäten der Solisten: „Am besten waren Pawlowskaja und Prjanischnikoff" (spielte Onegin, Anm. d. V.).[51]

1884 komponierte Tschaikowsky sechs Lieder für Singstimme mit Klavierbegleitung. Das Lied Nr. 4 ‚Schlaf ein', war ursprünglich Slawina, später jedoch Vera Butakova, Schwester von Alexandra (Schwester von Tschaikowsky) Dawydows Ehemann, gewidmet.[52]

Im Hinblick auf die Erstaufführung der Oper ‚Die Bezaubernde' unterbreitete die Slawina in ihrem Brief vom 12. Juli 1887 Änderungsvorschläge für den Part der ‚Fürstin'. Aus Aachen schrieb Tschaikowsky am 8. August 1887 (20.8.1887) an Slawina hierzu über seine eigenen Vorstellungen. Im Tagebuch vermerkte Tschaikowsky: „Episode mit Maria Alexandrowna Slawina. Alle finden – ich auch –, daß das Duett im 3. Akt zu lang ist. Ich bin müde."[53] In der ersten Aufführung am 20.10.1887 spielten die Sängerinnen Pawlowskaja und Slawina die Rollen der

---

46 musik konkret 7, S. 171
47 Brown, David, III., S. 287

48 Poznansky, Alexander & Langston, Brett, Vol. 1, S. 39
49 Tschaikowsky, 2. Bd., S. 292
50 Tschaikowsky, 2. Bd., S. 291
51 Tschaikowsky, 2. Bd., S. 293
52 Poznansky, Alexander & Langston, Brett, Vol. 1, S. 279
53 Kuhn, Tagebücher, S. 226

,Nastassja' bzw. der ,Die Fürstin'. Die Oper wurde letztlich zu einem Mißerfolg. Über die Qualität der Solisten schrieb Tschaikowsky an Frau von Meck: „Die besten von ihnen waren die Herren ... und Frau Slawina."[54]

Die besondere Qualität der Slawina wird auch in der Aufführung von Tschaikowskys Oper ,Pique Dame' am 7. Dezember 1890 im Mariinsky in St. Petersburg offenbar, in der sie die Rolle der Gräfin spielte: „So ideal wie die Darstellung des Hermann war auch die Gestaltung der Rolle der alten Gräfin durch die Slawina, die damals eine noch ganz junge Schönheit war und alles aus sich herausholte, um die ,alte Schachtel', Ruine von einem Menschen und hexengleiche Gestalt adäquat darzustellen. Das Zusammenspiel dieser beiden Sängerdarsteller im Schlafzimmer der Gräfin hatte eine Wirkung, daß einem der kalte Schauer über den Rücken lief."[55]

Brief Nr. 3315 vom 8. August 1887:
Praskowja Wladimirowna
Tschaikowskaja (vgl. Brief Nr. 3284)

Brief Nr. 3316 vom 9. August 1887:
Praskowja Wladimirowna; Anatol Iljitsch;
Modest Iljitsch Tschaikowsky (vgl. Briefe
Nr. 3218, 3284, 3327)

Brief Nr. 3317 vom 13. August 1887:
Anatol Andrejewitsch Brandukow (1858-
1930)

Der russische Violoncellist, geboren am 6.1.1859, studierte am Moskauer Konservatorium bei Fitzenhagen, lebte dann in Paris und gründete dort 1886 mit Marsick eine Quartettvereinigung. Ab 1890 lebte er wieder in Moskau, wurde Direktor der musikalischen-dramatischen Schule der Moskauer Philharmonie und 1920 Profes-

sor am Moskauer Konservatorium. (Vgl. Kapitel: Pezzo Capriccioso)

Brief Nr. 3318 vom 14. August 1887:
Vasilii N. Filatov

Diener von Kondratjew für dessen Anstellung sich Tschaikowsky vergeblich bei Anatol und Jürgenson bemühte.

Brief Nr. 3319 vom 14. August 1887:
Modest Iljitsch Tschaikowsky (vgl. Brief
Nr. 3218)

Brief Nr. 3320 vom 15. August 1887:
Alexej Ivanovic Sofronow (vgl. Brief Nr.
3288)

Brief Nr. 3321 vom 16. August 1887:
Modest Iljitsch Tschaikowsky (vgl. Brief
Nr. 3218)

Brief Nr. 3322 vom 16. August 1887:
Modest Iljitsch Tschaikowsky (vgl. Brief
Nr. 3218)

Brief Nr. 3323 vom 17. August 1887:
Modest Iljitsch Tschaikowsky (vgl. Brief
Nr. 3218)

Brief Nr. 3324 vom 18. August 1887:
Sergej Iwanowitsch Tanejew (vgl. Brief
Nr. 3294)

Brief Nr. 3325 vom 19. August 1887:
Modest Iljitsch Tschaikowsky (vgl. Brief
Nr. 3218)

Brief Nr. 3326 vom 20. August 1887:
Modest Iljitsch Tschaikowsky (vgl. Brief
Nr. 3218)

Brief Nr. 3327 vom 23. August 1887:
Anatol Iljitsch Tschaikowsky

Anatol Iljitsch, geboren 1850, Zwilling von Modest, war ausgesprochen nervös, impulsiv und ausgesprochen wehleidig, Charakterzüge, die ihm das Leben we-

---

54   Tschaikowsky, 2. Bd., S. 422
55   musik konkret 7, S. 171

sentlich erschwerten. Die Rechtsschule absolvierte er ein Jahr vor Modest und begann eine erfolgreiche Karriere im Justizministerium. Sein beruflicher Werdegang führte ihn nach Tiflis, dann nach Reval und Nishni Nowgorod und brachte es bis zur Ernennung als Vizegouverneur. Zuletzt war er Senator.

Direktheit, Aufrichtigkeit und Arbeitsliebe zeichnen seinen Charakter aus. Ebenso wie Modest, liebte er seinen Bruder Peter bis hin zur Selbstvergessenheit und war für ihn zu jedem Opfer bereit. Es wird vermutet, daß der Komponist seinen Bruder Anatol mehr als seine anderen Geschwister mochte.

Eine besondere Rolle übernahm Anatol im Zusammenhang mit der gescheiterten Ehe seines Bruders mit Antonina Miljukowa. Bei der nahezu geheim gehaltenen Hochzeit waren er und Kotek Trauzeugen. Die Geschwister Alexandra und Modest wurden brieflich so spät unterrichtet, daß sie keine Möglichkeit hatten daran teilzunehmen. Die Ehe mündete erwartungsgemäß in eine Katastrophe. Anatol ermöglichte dem nach einem gescheiterten Selbstmordversuch vor dem seelischen und körperlichen Zusammenbruch stehenden Komponisten, durch eine fingierte Einladung nach St. Petersburg sich von seiner Frau gesichtswahrend zu entfernen. Die Eheleute sahen sich nie mehr wieder. Anatol übernahm es mit Nikolai Rubinstein, die Ehefrau über die delikate Situation zu unterrichten. Späterhin half Anatol bei der Abwicklung von Geldzuwendungen an die verlassene Ehefrau. (Vgl. auch Kapitel: Vor zehn Jahren).

Anatol war Musikfreund und spielte selbst Violine. Er pflegte in seinem Haus eine interessante und bunte Gesellschaft. Besondere herzliche Beziehungen verband Tschaikowsky mit der Frau von Anatol, Praskowja Wladimirowna und deren

Tochter Tanja (vgl. Brief Nr. 3284). Anatol starb 1915.[56]

Brief Nr. 3328 vom 23. August 1887: Modest Iljitsch Tschaikowsky (vgl. Brief Nr. 3218)

Brief Nr. 3329 vom 26. August 1887: Anatol Andrejewitsch Brandukow (vgl. Brief Nr. 3317)

Brief Nr. 3330 vom 29. August 1887: Modest Iljitsch Tschaikowsky (vgl. Brief Nr. 3218)

Brief Nr. 3333 vom 30. August 1887: Pjotr Iwanowitsch Jürgenson (vgl. Brief Nr. 3253)

Brief Nr. 3335 vom 31. August 1887: Nadeshda Filaretowna von Meck (vgl. Brief Nr. 3239)

Brief Nr. 3337 vom 3. September 1887: Emilia Karlowna Pawlowskaja (vgl.Brief Nr. 3297)

Brief Nr. 3360 vom 21.-25. September 1887: Nadeshda Filaretowna von Meck (vgl. Brief Nr. 3239)

---

56   musik konkret 7, Juri Dawydow, Verwandte und Bekannte Peter Tschaikowskys in Moskau und St. Petersburg, S. 7f.

Familie Tschaikowsky

Tschaikowsky, Ilja Petrowitsch (1795-1879), Vater des Komponisten, war in erster Ehe (von 1827 an) mit Maria K. Kaiser verheiratet (gest. 1831); Tochter Sinaida (1829-1878). – Mit seiner zweiten Frau Alexandra d'Assiere (geboren 1813, 1854 an Cholera gestorben) hatte er sieben Kinder: Ekaterina (1836-1837), Nikolaj (1838-1911), Peter (1840-1893), Alexandra (1841-1891), Ippolit (1843-1927) sowie die 1850 geborenen Zwillinge Anatol (gest. 1915) und Modest (gest. 1916). Die dritte Ehe (von Ende 1865 an) mit Jelisaweta M. Lipport, verwitwete Alexandrowa (1829-1910) war kinderlos.[57]

Von links nach rechts sitzend: die Mutter, Schwester Alexandra, Ippolit, der Vater; stehend: Peter, Sinaida und Nikolai (Tschaikowskymuseum, Klin)

---

57   Tschaikowsky-Studien Bd. 9, S. 59

Landhaus in Klin, hier wohnte Tschaikowsky ca. 1 ½ Jahre bis zu seinem Tod

Geburtshaus in Wotkinsk, Udmutien (Ural)

Beide Anwesen sind Staatliche Museen. Das Landhaus in Klin wurde 1941 wenige Tage durch die deutsche Wehrmacht besetzt; das Inventar wurde rechtzeitig nach Wotkinsk verbracht und blieb daher im Original erhalten.

Lebensstationen

1840
Peter Iljitsch Tschaikowsky wird am 7. Mai in Wotkinsk (Ural) als zweiter Sohn des Bergbauingenieurs Ilja Petrowitsch Tschaikowsky und desssen Frau Alexandra Andrejewna Tschaikowskaja (geb. Assier) geboren. Seine Halbschwester Sinaida ist elf, sein Bruder Nikolaj zwei Jahre alt.

1841
Geburt der Schwester Alexandra (Sascha).

1843
Geburt seines Bruders Ippolit.

1844
Fanny Dürbach wird Gouvernante.

1845
Beginn des Klavierunterrichts.

1848
Die Familie zieht von Wotkinsk nach Moskau. Fanny Dürbach verläßt die Familie.

1849
Die Familie zieht nach Alapajew (Ural).

1850
Geburt der Zwillinge Modest und Anatol. Aufnahme in die Vorbereitungsklasse der Schule für Jurisprudenz in St. Petersburg.

1852
Rückkehr der Familie nach St. Petersburg.

1854
Hochzeit der Halbschwester Sinaida. Tod der Mutter. Erste Kompositionsversuche.

1855
Klavierunterricht bei Rudolf Kündiger.

1859
Verläßt die Rechtsschule und beginnt Anstellung im Justizministerium.

1860
Schwester Sascha heiratet Lew Dawydow und zieht zur Familie ihres Mannes nach Kamenka (Ukraine).

1861
Erste Reisen in Begleitung eines väterlichen Freundes ins Ausland nach Berlin, Hamburg, Antwerpen, Brüssel, London und Paris. Generalbaßstudium an Anton Rubinsteins Musikschule bei Nikolaj Zaremba. Geburt seiner Nichte Tanja, Tochter seiner Schwester Sascha.

1862
Schreibt sich am neugegründeten Petersburger Musikkonservatorium ein.

1863
Kündigung des Postens im Justizministerium. Kompositionsunterricht bei Anton Rubinstein.

1865
Tschaikowskys Vater heiratet Jelisaweta Lipport. Die Examensarbeit ‚Ode an die Freude‘ wird mit der Silbermedaille ausgezeichnet.

1866
Übersiedlung nach Moskau und Anstellung als Professor für Harmonielehre am neu gegründeten Konservatorium, unter der Leitung von Anton Rubinsteins Bruder, Nikolai.

1867
Beginn der Arbeiten an der Oper ‚Der Woiwode'.

1868
Reise mit Wladimir Schilowski nach Berlin und Paris. Bekanntschaft mit der Opernsängerin Désirée Artôt mit der eine Heirat erwogen wird.

1869
Désirée Artôt heiratet für Tschaikowsky überraschend Mariano Padilla y Ramos. Balakirew regt an ‚Romeo und Julia' zu komponieren. Uraufführung des ‚Woiwoden'.

1870
Er betreut den kranken Freund Wladimir Schilowski mehrere Wochen in Soden am Taunus. Er überarbeitet in Soden am Taunus ‚Romeo und Julia'. Beginn der Arbeiten an der Oper ‚Der Opritschnik'.

1871
Geburt des Neffen Wladimir Dawydow, Lieblingsneffe des Komponisten. Besuch in Nizy auf dem Anwesen von Nikolai Kondratjew.

1872
Kantate zur 200-Jahr-Feier Peter des Großen. Abschluß der Oper ‚Der Opritschnik'. Tätigkeit als Musikkritiker.

1873
Uraufführung der 2. Symphonie in Moskau. Arbeiten an der Symphonischen Fantasie ‚Der Sturm'. Selbstmord seines Freundes Eduard Zak.

1874
Uraufführung des ‚Opritschnik'. Er schreibt die Oper ‚Wakula der Schmied'. Italienreise. Komposition des Klavierkonzerts Nr. 1.

1875
Komponiert die Symphonie Nr. 3. Arbeiten am ‚Schwanensee'. Uraufführung des 1. Klavierkonzerts in Moskau durch Tanejew. Reise nach Frankreich mit Bruder Modest und dem taubstummen Nikolai Konradi.

1876
Kur in Vichy. Teilnahme an der Eröffnung der Wagner-Festspiele in Bayreuth. Begegnung mit Liszt. Schreibt die Symphonische Dichtung ‚Francesca da Rimini'. Erster Briefwechsel mit der wohlhabenden Witwe Nadeshda von Meck.

1877
Beginn der Komposition an der 4. Symphonie. Schriftliche Liebeserklärung seiner ehemaligen Studentin Antonina Miljukowa. Beginn der Arbeiten an der Oper ‚Eugen Onegin'. Hochzeit mit Antonina und kurz danach Flucht vor seiner Frau. Frau von Meck zahlt eine Jahresrente und ermöglicht Tschaikowsky seine Anstellung am Konservatorium 1878 aufzugeben.

1878
Tod der Halbschwester Sinaida. Aufenthalte in Brailow, dem Gut von Frau von Meck und Kamenka bei seiner Schwester Alexandra. Premiere der Symphonie Nr. 4.

1879
Premiere von ‚Eugen Onegin' in Moskau. Sommeraufenthalt in Brailow und Kamenka. Mehrmonatige Reise durch Frankreich und Italien.

1880
Tod des Vaters. Es entsteht ‚Capriccio italien' in Rom. Schreibt die Festouvertüre ‚1812'.

1881

Aufenthalte in Wien, Rom, Florenz und Neapel. Tod von Nikolai Rubinstein; Tschaikowsky lehnt Angebot als Nachfolger zur Leitung des Moskauer Konservatoriums ab. Uraufführung des Violinkonzerts.

1882

Hochzeit von seinem Bruder Anatol mit Praskowja Wladimirowna Konschina. Uraufführung des 2. Klavierkonzerts durch Tanejew in Moskau.

1883

Aufenthalte in Berlin und Paris. Vollendung der Oper ‚Mazeppa'. Hochzeit von Tschaikowskys Nichte Anna Dawydowa mit Frau von Mecks Sohn Nikolai.

1884

Schreibt die Orchestersuite Nr. 3. Aufenthalt in Paris. Erhält von Zar Alexander III. den Orden ‚St. Vladimir'. Besucht Josef Kotek, seinen kranken Freund in der Schweiz.

1885

Mietet ein Haus im Ort Maidanowo, bei Klin. Überarbeitet die Oper ‚Wakula der Schmied', die Oper wird umbenannt in ‚Die Pantöffelchen'. Beginn der Arbeiten an der Oper ‚Die Bezaubernde'.

1886

Besuch bei seinem Bruder Anatol in Tiflis. Reise nach Paris.

1887

Dirigat seiner Oper ‚Die Pantöffelchen' in Moskau. Tod der Nichte Tatjana. Die Oper ‚Die Bezaubernde' wird abgeschlossen. Aufenthalt in Aachen. Aufführung der Oper ‚Die Bezaubernde'; sie erweist sich als Mißerfolg. Komposition der ‚Mozartiana'.

1888

Erste Auslandstournee als Dirigent mit Dirigaten in Leipzig, Hamburg, Berlin, Prag und London. Zar Alexander III. gewährt eine lebenslange Jahresrente von 3000 Rubel. Erste Skizzen zum Ballett ‚Dornröschen'. Umzug von dem Ort Maidanowo, nach Frolowskoje, ebenfalls in der Nähe von Klin. Komposition der Symphonie Nr. 5 und Premiere in Moskau.

1889

Zweite Auslandstournee mit Konzerten in Köln, Frankfurt, Dresden, Genf und Hamburg. Erneut in Paris und London. Premiere von ‚Pezzo Capriccioso' mit Brandukow unter Leitung von Tschaikowsky in Moskau.

1890

Premiere von ‚Dornröschen' in St. Petersburg. Komponiert das Streichsextett ‚Souvenir de Florenze'. Frau von Meck beendet die Beziehung zu Tschaikowsky. Uraufführung der Oper ‚Pique Dame'. Besuch in Tiflis bei Bruder Anatol.

1891

Beginn der Arbeit am ‚Der Nußknacker'. Tod der Schwester Alexandra. Gastdirigate in New York, Baltimore und Philadelphia. Arbeit an der Oper ‚Jolanthe'.

1892

Premiere der ‚Nußknacker-Suite' und der Oper ‚Jolanthe'. Aufenthalte in Wien, Salzburg und Prag. Besuch der Gouvernante Fanny Dürbach. Bezieht das Landhaus am Ortsrand von Klin.

1893

Im Februar Beginn der Arbeiten an der 6. Symphonie. Erhält im Juni die Ehrendoktorwürde der Universität Cambridge. Am 16. Oktober 1893 Premiere der 6. Symphonie in St. Petersburg. Am 16. Oktober 1893 Abendessen im Restaurant ‚Leiner's'. 25. Oktober 1893 (6. November 1893) Tod des Komponisten. Diagnose der Ärzte: Cholera.

Namens- und Personenverzeichnis*

Arenskij, Anton Stepanowitsch (1861-1905), russischer Komponist und Musikpädagoge

Brandukow, Anatol (Tolja) Andrejewitsch (1858-1930), russischer Cellist

Cui, Cesar Antonowitsch (1835-1918), russischer Komponist und Musikschriftsteller

Dawydow, Lew Wassiljewitsch (1837-1896), Schwager Tschaikowskys

Dawydowa, Alexandra Iljinitschna (1842-1891), Schwester Tschaikowskys

Dawydowa, Tatjana Lwowna (1861-1887), Nichte Tschaikowskys

Golizyn, Sergej Michailowitsch (1843-1915), Fürst, Freund Tschaikowskys

Hubert, Nikolai Albertowitsch (1840-1888), russischer Musikpädagoge und -schriftsteller

Jürgenson, Pjotr Iwanowitsch (1836-1904), Musikverleger

Konradi, Nikolai Hermannowitsch (Kolja) (1868-1922), Zöglin Modest Tschaikowskys

Kondratjew, Nikolai Dmitrijewitsch (1837-1887), Freund Tschaikowskys

Kotek, Jossif Jossifowitsch (1855-1885), russischer Violinist

Ippolitow-Iwanow, Michail Michailowitsch (1859-1935), russischer Komponist

Laroche, Hermann Awgustowitsch (1845-1904), russischer Musikkritiker

Legoschin, Sascha, Diener von Kondratjew

Mackar, Felix (1837-1903), französischer Musikverleger

Meck, Nadeshda Filaretowna von (1831-1895), Gönnerin und Freundin Tschaikowskys

Miljukowa, Antonina Iwanowna (1877-1917), Tschaikowskys Ehefrau

Naprawnik, Eduard Franzewitsch (1839-1916), russischer Komponist

Pawlowskaja, Emilia Karlowna (1857-1935), Sängerin

Rimskij-Korsakow, Nikolai Andrejewitsch (1844-1908), russischer Komponist

Rubinstein, Anton Grigorjewitsch (1829-1894), russischer Komponist, Pianist und Dirigent

Rubinstein, Nikolai Grigorjewitsch (1835-1881), russischer Pianist und Dirigent

Schilowski, Wladimir (1852-1893), Schüler Tschaikowskys

Slawina, Maria Alexandrowna (1858-1951), Sängerin

Sofronow, Alexej Ivanovic (Aljoscha) (1859-1925), Diener Tschaikowskys

Spashinskaja, I. Yuliya (gest. 1919), Frau des russischen Dramatikers Ippolit Wassiljewitsch Spashinski (1844-1917)

Tanejew, Sergej Iwanowitsch (1856-1915), russischer Pianist und Komponist

Tschaikowskys Geschwister: Nikolai Iljitsch, Ippolit Iljitsch, Alexandra Iljinitschna, Sinaida Iljitschna (Stiefschwester) und die Zwillinge Anatol und Modest Iljitsch

Tolstoi, Lew Nikolajewitsch (1828-1910), Schriftsteller

Viardot-Garcia, Michelle Pauline (1821-1910), französische Bühnen- und Konzertsängerin

---

* Die Personennamen sind im Schrifttum unterschiedlich aus dem Russischen übersetzt; in Zitaten wurde die dort vorgefundene Schreibweise übernommen.

Quellen- und Literaturverzeichnis

Aachen, Herausgeber Kunstverlag J. Bühn, München, in Zusammenarbeit mit der Stadt Aachen – Hauptredaktion Presseamt der Stadt Aachen, o.D.

Aachener Anzeiger, Politisches Tageblatt, Verlag Jos. La Ruelle

Aachener Kur- und Fremdenblatt, Verlag Rudolph Barth in Aachen

Adreßbuch für Aachen und Burtscheid 1887, Druck und Verlag von J. Stercken in Aachen (Nachdruck)

Amtsblatt der Königlichen Regierung zu Aachen, Jahrg. 1887

Baer/Petzold = Baer, Ena von Petzold, Hans, Teure Freundin, Peter Tschaikowskis Briefwechsel mit Nadeshda von Meck, Leipzig 1964

Berberova, Nina, Tschaikowsky Biographie, Düsseldorf 1989

Brown, Bibliographical Study Bd. 1/Bd. 2/ Bd. 3/Bd. 4 = Brown, David, Tchaikovsky. A Bibliographical and Critical Study, 4 Bde. Bd. 1: The Early Years 1840-1874, New York 1978; Bd. 2: The Crisis Years 1874-1878, London 1982; Bd. 3: The Years of Fame 1878-1893, London 1992; Bd. 4: The Final Years 1885-1893, London 1992

Brown, Tschaikowsky = Brown, David, Peter Tschaikowsky im Spiegel seiner Zeit, Mainz 1996

Burger, Ernst, Robert Schumann, Eine Lebenschronik in Bildern und Dokumenten, Mainz 1999

Cherbuliez, Antoine-E., Tschaikowsky und die russische Musik, Zürich 1948

ČPSS I-XVII = Čajkovskij. Polnoe sobranie sočinenij. Litera turnye proizvedenija i perepiska (Sämtliche Werke. Literarische Arbeiten und Briefe), Bde. I-XVII (I und IV nicht erschienen), Moskau 1953-1981

Echo der Gegenwart, Verlag P. Kaatzer

Festschrift 100 Jahre Evangelischer Krankenhausverein zu Aachen, Luisenhospital (1867-1967), Aachen 1967, Diess. Brandis, Bernhard

Garden, Edward, Tschaikowsky. Leben und Werk, Stuttgart 1986

Gärtner, Heinz, Johannes Brahms, Biografie eines Doppellebens, München 2003

Glaab, Wolfgang, in: Mitteilungen Tschaikowsky-Gesellschaft 13 (2006), Tübingen 2006

Grönke, Kadja, in: Mitteilungen Tschaikowsky-Gesellschaft 13 (2006), Tübingen 2006

Harenberg, Konzertführer, 5. Aufl., Dortmund 2000

Hermanns, Will, Heimatchronik der Kur- und Kronstadt Aachen, Köln 1953

Holden, Anthony, Tchaikovsky, London 1995

Kaschkin, Nikolai, Meine Erinnerungen an Peter Tschaikowski, übersetzt aus dem Russischen von Bärbel Bruder, herausgegeben und mit einem Vorwort versehen von Ernst Kuhn, in: Musik Konkret 1 (1992)

Kuhn, Ernst (Hrsg.), Tschaikowsky aus der Nähe. Kritische Würdigung und Erinnerungen von Zeitgenossen, in: Musik Konkret 7 (1994)

Kuhn, Tagebücher = Kuhn, Ernst, Peter Tschaikowski. Die Tagebücher, Berlin 1992

Laroche, Hermann, Peter Tschaikowsky. Aufsätze und Erinnerungen, übersetzt und herausgegeben von Ernst Kuhn, in: Musik Konkret 5 (1993)

Lersch, B. M., Aachen, Burtscheid und Umgebung. Neuester Führer für Kurgäste und Touristen, 3. Aufl., Aachen 1881

Lersch, B. M., Kleiner Führer für Aachen und Burtscheid, 2. Aufl., Aachen 1885

Musik Konkret Bde. 1, 5, 7, herausgegeben von Ernst Kuhn, Berlin 1992, 1993, 1994

Neue Musik-Zeitung, 1886, VII. Jahrg., Nr. 3, Verlag Tonger Köln

Neue Musik-Zeitung, 1887, VIII. Jahrg., Nr. 13, Nr. 21, Verlag Tonger, Köln

Neue Zeitschrift für Musik 1887, 54. Jahrg., Nr. 24, Verlag Kahnt, Leipzig

Petzoldt, Richard/Fahlbusch, Lothar, Peter I. Tschaikowski. Erinnerungen und Musikkritiken, Wiesbaden o. J.

Pohl, Rudolf, Musik im Dom zu Aachen, 1200 Jahre Chorschule am Hofe Karls des Großen, Aachen 1981, abgedruckt unter www.aachener-domchor.de

Poll, Bernhard, (Herausg.) Geschichte Aachens in Daten, Aachen 1960

Poznansky, Alexander, Tchaikovsky through others' Eyes, Bloomington 1999

Poznansky/Langston=The Tchaikovsky Handbook, A Guide to the Man and His Music, Compiled by Alexander Poznansky & Brett Langston, Vol. 1, 2, Bloomington 2002

Riemann Bd. 1/Bd. 2/Bd. 3 = Riemann Musik Lexikon Bd. 1 (Personenteil A-L), Bd. 2 (Personenteil L-Z), Bd. 3 (Sachteil), herausgegeben von Willibald Gurlitt und Heinrich Eggebrecht (Mainz 1959, 1961 und 1967)

Stümcke, Heinrich (Hrsg.), Peter Tschaikowsky. Musikalische Erinnerungen und Feuilletons, Berlin 1899

Tolstaja, Sofja, Andrejewna, Tagebücher, 1862-1897 und 1898-1910, Königstein 1982

Tonger, P. J. (Hrsg.), Conversations-Lexikon der Tonkunst, herausgegeben als Beilage zur Neuen Musikzeitung, Köln o. J.

Tschaikowsky Bd. 1/Bd. 2 = Tschaikowsky, Modest, Das Leben von Peter Iljitsch Tschaikowskys, aus dem Russischen von Paul Juon, 2 Bände, Moskau – Leipzig 1903

Tschaikowsky-Studien, Existenzkrise und Tragikomödie: Tschaikowskys Ehe, Bd. 9, zusammengestellt von Thomas Kohlhase, Mainz 2006

Tschaikowsky-Studien, Genealogische Tafeln zusammengestellt von Grönke Kadja, Bd. 3, Mainz 1998

Tschaikovsky, Thematic & Bibliographical Catalogue Of Works, herausgeg. von Polina Vajdman, Ljudmila, Korabel'nikova, Valentina, Rubcova, Moskau 2006

Weinstock, Herbert, Tschaikowsky, München 1948

Wolfurt, Kurt von, Tschaikowsky, Zürich 1978

Wehsarg, F. K., Bad Aachen-Burtscheid, Geschichte und Bedeutung, Stuttgart-New York 1979

Zagiba, Franz, Tschaikovskij. Leben und Werk, Wien 1953

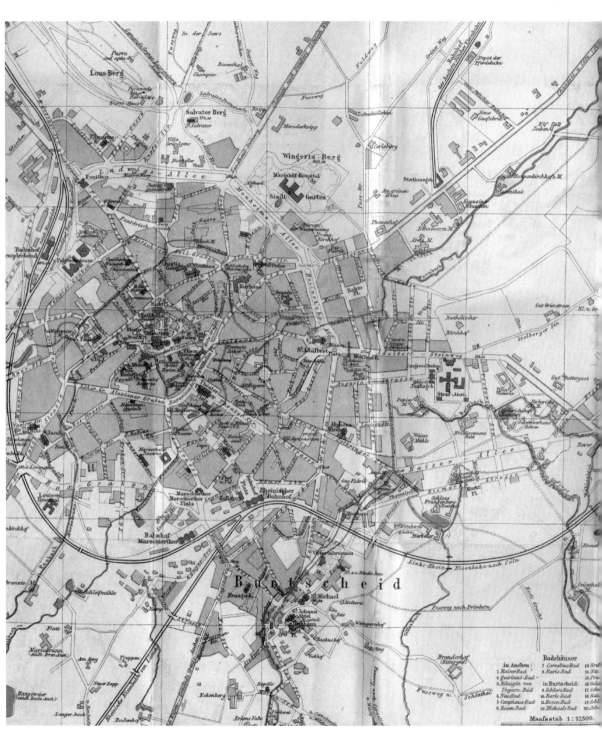

Stadtplan von Aachen (Lersch 1881)

Aachener Kur- und Fremdenblatt Nr. 72 vom 24. Juli 1887

Aachener Kur- und Fremdenblatt Nr. 72 vom 24. Juli 1887

Richard Wollgarten

Einzig Aachen

Einmaliges in, aus, über Aachen
oder ...
was Sie schon immer über Aachen
wissen wollten

50 Seiten, fest gebunden,
34 Illustrationen,
Format 23,5 x 17 cm
ISBN 978-3-86933-006-8

14,95 €

Hilla Müller-Deku

Josef Ponten.
Julia Ponten von Broich

Das Leben von zwei Künstlern in
Aachen und München

258 Seiten, Paperback,
36 Abbildungen,
Format 14,5 x 21 cm
ISBN 978-3-938208-89-2

14,95 €

Helios Verlags- und Buchvertriebsgesellschaft

Postfach 39 01 12, 52039 Aachen
Telefon: 0241-55 54 26 - Fax: 0241-55 84 93
eMail: Helios-Verlag@t-online.de; www.helios-verlag.de

versandkostenfreie Auslieferung innerhalb Deutschlands